# 身体をうまく
# 使える
# ためのワークブック

学校では教えてくれない
困っている子どもを支える認知作業トレーニング

宮口 幸治 編著　　石附 智奈美 著

Cognitive Training

# 保護者と先生方へのまえがき

　本シリーズは、現在、学校教育等で幅広く使われ始めているコグトレを、子どもが一人でも取り組めるように構成したものです。コグトレとは、「認知○○トレーニング（Cognitive ○○ Training）」の略称で、○○には

　「ソーシャル（→社会面）Cognitive Social Training: COGST」

　「機能強化（→学習面）Cognitive Enhancement Training: COGET」

　「作業（→身体面）Cognitive Occupational Training: COGOT」

　が入ります。学校や社会で困らないために3方面（社会面、学習面、身体面）から子どもを支援するための包括的支援プログラムです。

　もともとコグトレは学校教員や保護者など指導者のもとでテキストを用いて実施するものですが、そういった環境を作るのがなかなか難しいといった声もお聞きし、子どもが一人でも読み進めながら学べる形式のテキストの作成を検討して参りました。

　本シリーズは、以下の「困っている子どもの特徴〈5点セット +1〉」に対応できるよう、コグトレを応用したワークブックを使って、一人で読み進めながら、登場人物とともに子ども自身が困っているところや苦手なところを克服していく展開となっています。（「困っている子どもの特徴〈5点セット +1〉」につきましては、『教室の困っている発達障害をもつ子どもの理解と認知的アプローチ——非行少年の支援から学ぶ学校支援』（明石書店）をご参照ください。）

・認知機能の弱さ　　　⇨　「学びの土台を作る」ためのワークブック

・感情統制の弱さ　　　⇨　「感情をうまくコントロールする」ためのワークブック

・融通の利かなさ　　　⇨　「うまく問題を解決する」ためのワークブック

・不適切な自己評価　　⇨　「正しく自分に気づく」ためのワークブック

・対人スキルの乏しさ　⇨　「対人マナーを身につける」ためのワークブック

＋身体的不器用さ　　　⇨　「身体をうまく使える」ためのワークブック

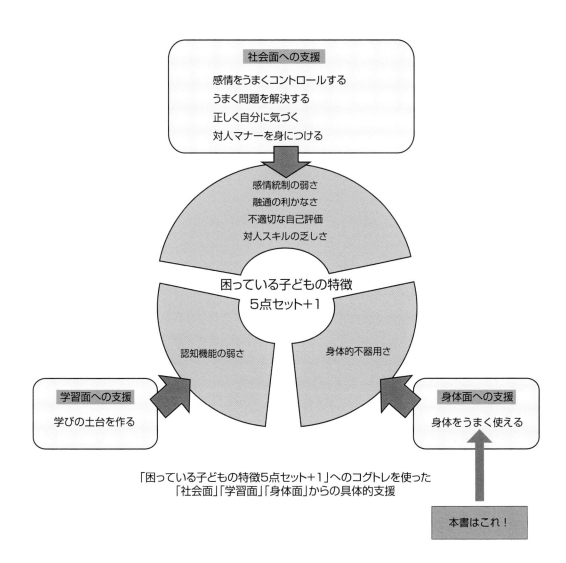

「困っている子どもの特徴5点セット＋1」へのコグトレを使った
「社会面」「学習面」「身体面」からの具体的支援

本書は、左ページ図の「身体をうまく使える」ためのワークブックに相当します。なお、支援者向けテキストは以下のものをご参照ください。

　『身体面のコグトレ　不器用な子どもたちへの認知作業トレーニング【増補改訂版】』（三輪書店）

　本シリーズをお使いいただき、困っている子どもたちの生きやすさに少しでもつながることを願っております。本書の企画に賛同頂きました明石書店様には心より感謝申し上げます。

著者を代表して

一社）日本 COG-TR 学会代表理事
立命館大学教授
児童精神科医・医学博士　宮口幸治

# もくじ

| 木曜日 | 金曜日 | 土曜日 | 日曜日 |
|---|---|---|---|
| バランス力を向上させる | 両手への注意力を高める | 音に合わせて体を動かす | 他者の動きを真似る |
| 8-4　目を閉じて片足立ちをしながらポーズ（3つ）…77 | 8-5　足ぶみしながら両手がちがう動きをする…78 | 8-6　音楽に合わせて手拍子をしながら正方形の4点に足を逆回りにふむ…79 | 8-7　折り紙の折り方を見終わってからまねる（完成品なし）…80 |
| 9-4　ジグザグ片足立ちジャンプ5か所（左右）…85 | 9-5　4人でキャッチ左右に歩きながら投げる方向と歩く方向が一致（5回連続）…86 | 9-6　スピードの速い音楽に合わせて手拍子と足ぶみをする…87 | 9-7　文章を読んでジェスチャーした動作をまねる（両手）…88 |
| 10-4　ジグザグ片足立ちジャンプ10か所（左右）…93 | 10-5　4人でキャッチ左右に歩きながら投げる方向と歩く方向が一致（10回連続）…94 | 10-6　スピードの速い音楽に合わせて4点に足を順にふむ…95 | 10-7　文章を読んでジェスチャーした動作をまねる（全身）…96 |
| 11-4　ジグザグ片足後ろ向きジャンプ5か所（左右）…101 | 11-5　4人でキャッチ左右に歩きながら合図で方向を切りかえる投げる方向と歩く方向が逆（5回連続）…102 | 11-6　スピードの速い音楽に合わせて手拍子をしながら4点に足を順にふむ…103 | 11-7　文章（感情を表現）をジェスチャーで表現した動作をまねる（悲しかったことや苦しかったこと）…104 |
| 12-4　ジグザグ片足後ろ向きジャンプ10か所（左右）…109 | 12-5　4人でキャッチ左右に歩きながら合図で方向を切りかえる投げる方向と歩く方向が逆（10回連続）…110 | 12-6　スピードの速い音楽に合わせて手拍子をしながら4点に足を逆回りにふむ…111 | 12-7　文章（感情を表現）をジェスチャーで表現した動作をまねる（うれしかったことや楽しかったこと）…112 |

# 登場人物

>>> **れん**
　小学3年生。ゆいの弟。運動は好きだけど勉強は苦手。少し気が短くてあわてんぼう。でも正義感が強いところもある。

>>> **ゆい**
　小学4年生。れんの姉。弟の世話をしている。泣き虫だけど、がんばりやさん。でもがんばりすぎて失敗することも。弟にまけずおしゃべり。

>>> **ちなみ先生**
　みんなのことを何でも知っている学校の先生。みんなが困っているときにアドバイスをしてくれる。

>>> **コグトレ先生**
　子どものこころのお医者さん。何が大切なのかを教えてくれる。

## コグトレ棒の作り方

両手への注意力を高める練習で使う「コグトレ棒」を作りましょう。
10枚の新聞紙を縦に丸め、両端と真ん中をカラー布テープでとめます。
カラー布テープは端から赤、黄、青と色分けします。

  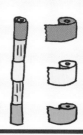

# 全体の流れ

>>> れんさんとゆいさんは、半年後に行われるダンスコンテストに出るために、まずはダンスの基礎を3か月間練習することにしました。2人の成長を3か月を通していっしょにみていきましょう。本書の流れは次のようになっています。

>>> 「練習」
どんな練習をするかを書いています。

>>> 「やってみよう！」
練習内容のバリエーションを書いています。他にもおもしろい練習方法を思いついたらやってみてください。

>>> 「考えてみよう！」
練習内容について、よりうまくできるようにいっしょに考えてみましょう。

>>> 「ヒント」
ちなみ先生からヒントがありますので、参考にしましょう。

>>> 「ちなみ先生からのアドバイス」
ちなみ先生の考えをアドバイスしています。

>>> 「この週のまとめ」
最後にコグトレ先生からのアドバイスがあります。

# はじめに

はじめまして。れんです。よろしく。

はじめまして。ゆいです。よろしく。

れん　ゆい

私たちは年子の姉弟です。2人とも、失敗したり困ったりすることが毎日いっぱいあります。

でも、ゆいがいろいろと教えてくれるから助かっています。

実は私も、れんに助けられることがけっこうあります。

みなさんも身体をうまく使えないことがあるでしょう。
私たちといっしょに、"身体をうまく使える力" を身につけませんか？

いっしょに練習すると気持ちが楽になりますよ。

そうです。なんだか元気が出ますよ。

いっしょに練習すると "どう身体を使ったらいいか" が分かってきます。そうすると、"次からどうするか" も分かるようになってきます。

困ったときにこの本を読んで参考にしてもらってもいいし、全部読んで先に知っておくのもいいですね。

私たちがこの本の中でみなさんといっしょに成長できたらうれしいです。では、いよいよ成長の第一歩が始まります。

さあ、ページをめくって。はじまりはじまり。

ここで学ぶこと▶▶▶自分の身体部位に注意を向ける

 **練習1-1 ひじ、ひざなどの場所を見ないで指差しする**

ゆい

これから毎週月曜日は、自分の体に注意を向けることを練習するよ。

れん

注意を向けるとどうなるの？

自分の体の見えない部分がどうなっているか分かるんだって。

そうなんだ。それで今日は何をするの？

まずは体の部位と名前が分かっているか確認するよ。

いいよ。

じゃあ、右の肩はどれ？って聞いたら、目を閉じて指差しできる？指は右手、左手どちらを使ってもいいよ。

こうでしょ？

そうそう！

同じように
やって
みよう！

自分の体の次の部位を、目を閉じて指差してみましょう。

① 右のひざ
② 左のひじ
③ 右の手首
④ 左の足首
⑤ 左の耳

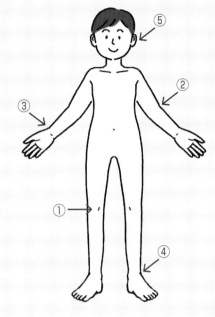

体の部位にふれてから指をずらすのではなく、1回でぴったりの位置をさわってみましょう。

ちなみ先生

第1週
第2週
第3週
第4週
第5週
第6週
第7週
第8週
第9週
第10週
第11週
第12週

ここで学ぶこと▶▶▶他者のポーズをまねる

## 練習1-2 片手・両手のポーズをまねる

火曜日は、ポーズをまねる練習をするよ。

ゆい

難しいのは無理だよ。

れん

だいじょうぶ。最初は簡単なポーズから練習するから。

よかった。

じゃあ、私が右手でポーズしたら、れんも右手でポーズしてね。

分かった。

こうかな？

親指の向きをよく見て！

あ、そうか！

そうそう！

第1週

第2週

第3週

第4週

第5週

第6週

第7週

第8週

第9週

第10週

第11週

第12週

**同じように
やって
みよう！**

次のようなポーズをとってみましょう。

①左手を横にまっすぐのばす（手のひらは下）

②右手をまっすぐ上に上げる（親指は後ろ）

③両手を前に出す（手のひらは下）

④両手を横に広げる（親指は上）

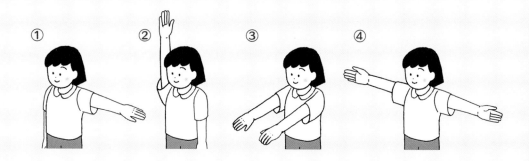

うでの方向だけでなく、手のひらがどちらの方向を向いている
か確認するといいですよ。

ちなみ先生

ここで学ぶこと ▶▶▶ 身体のポーズを言語化する

**練習1-3 片手のポーズを言葉で言い表す（1関節）**

水曜日は、ポーズを言葉に置きかえる練習だよ。

ゆい

どういうこと？

れん

例えばこうやってポーズしたら、どうやって言葉で言う？

手を前に出す。

手のひらはどっちに向いてる？

下だね。

そうだね。こういうときは、手を前に出して手のひらを下に向けるって言ったらいいよね。

じゃあ、このポーズは何て言ったらいい？

ええっと、左手を上げて……手のひらを正面だ！

そうそう、その調子！

第1週
第2週
第3週
第4週
第5週
第6週
第7週
第8週
第9週
第10週
第11週
第12週

 同じように やって みよう！

イラストを見て、次のようなポーズを言葉で言い表してみましょう。

① ② ③ ④

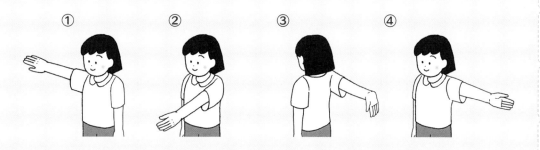

ヒント

　自分の体を動かして、イラストと同じポーズをとってみると、言い表しやすくなります。

ちなみ先生

ここで学ぶこと ▶▶▶ バランス力を向上させる

## 練習1-4 片足立ちで5秒以上（右足）

ゆい

木曜日は、バランスの練習をするよ。

れん

バランスは得意だよ！

片足立ちはできる？

もちろん！

何秒くらいできると思う？

30秒はできるんじゃないかな。

じゃあ、右足で立ってみよう。何度でも挑戦していいからね。

**同じようにやってみよう！**

右足で片足立ち。何秒できるか予想を立ててみましょう。

予想：（　　　）秒
結果：（　　　）秒

ヒント

　足の裏に意識を向けて、足の裏のどの位置に体重がかかると安定するか考えるといいですよ。
　そして、頭を動かさず、どのあたりを見ていると姿勢が安定するか考えながらやってみましょう。

ちなみ先生

ここで学ぶこと ▶▶▶ 両手への注意力を高める（コグトレ棒）

**練習1-5 片手で180度回転キャッチ**

金曜日は、注意力を高める練習だよ。

ちょっと自信ないかも……

れん

ゆい

コグトレ棒を使って、楽しくできるから、だいじょうぶだよ。

じゃあ、やってみようかな。

赤を持ったら、180度回転させて青をキャッチするよ。

手前に回転

**同じようにやってみよう！**

① 右手でコグトレ棒を手前に180度回転　続けて10回
② 左手でコグトレ棒を手前に180度回転　続けて10回
③ 右手でコグトレ棒を逆に180度回転　続けて10回
④ 左手でコグトレ棒を逆に180度回転　続けて10回

逆に回転

コグトレ棒を逆に180度回転するときは、手首を上に向けた状態からやってみましょう。

**ヒント**

ちなみ先生

ここで学ぶこと ▶▶▶ 音に合わせて体を動かす

## 練習1-6　音楽に合わせて手をたたく

ゆい

れん

音楽？

土曜日は、音楽に合わせて体を動かす練習をするよ。今日は、音楽に合わせて手をたたいてみよう。

そうだよ！

リズムに乗ることは得意だからまかせて！

よし、やってみよう！

**同じようにやってみよう！**

次の音楽に合わせて手をたたいてみましょう。
① 春の小川　　4拍子　2拍子
② 茶つみ　　　4拍子　2拍子
③ ぞうさん　　3拍子
④ 好きな歌に合わせて手拍子

**ヒント**

音楽を聞くことに集中すると手拍子がおくれるかもしれないから、指揮者になったつもりで手をたたいてみましょう。

ちなみ先生

ここで学ぶこと ▶▶▶ 他者の動きをまねる

**練習1-7　片手（かた）の動きをまねる（2動作）**

ゆい

日曜日は、私（わたし）の動きをまね
してみましょう。この動き
できる？

れん

グーとパーの動きでしょ、
できるよ。

上手だね。じゃあこれはど
う？

難（むずか）しいな……

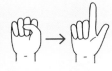 

ゆっくりやってみて。

**同じように
やって
みよう！**　次の動きをまねてみましょう。

① 右手　グー→チョキ

② 左手　パー→親指だけのばして他の指は曲げる

③ 右手　チョキ→親指と人差（さ）し指をのばして他の指は曲げる

④ 左手を前にまっすぐ出して（手のひらは上）、手首を上に90度曲げる

⑤ 右手をななめ上（45度）に上げて（手のひらは前）から、手のひらを下に向ける

①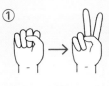　②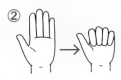　③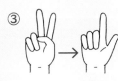

④　⑤

ちなみ先生

動きを見終わってからまねをします。何度でも見本を見てよいので、覚えてからまねてみましょう。

 全身の身体部位の名前を書いてみよう。

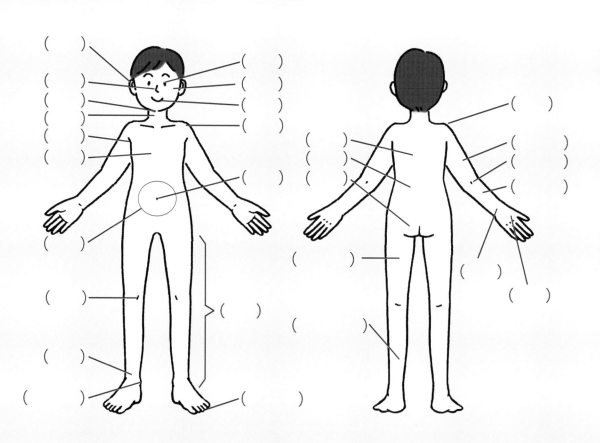

第1週

第2週

第3週

第4週

第5週

第6週

第7週

第8週

第9週

第10週

第11週

第12週

ちなみ先生からの
**アドバイス**

手というと、肩から指先までを想像するかもしれませんが、肩・上腕・ひじ・前腕・手首・手とそれぞれに名前があります。足も同じです。太もも、ひざ、ふくらはぎ、足首、足に分かれています。先生や、お母さん、お父さんの体は大きいですが、身体部位は同じようにありますので確認してみましょう。

この週の **まとめ**

コグトレ
先生

自分の体がどんな形をしているのか、どんな部位があるのか知ることで、頭の中に身体の地図ができていきます。細かく身体の部位が分かってくると、人の体の動きの変化にも気づくことができ、ダンスをまねてするときなどに役に立ちます。

>>> 　前のページの答え

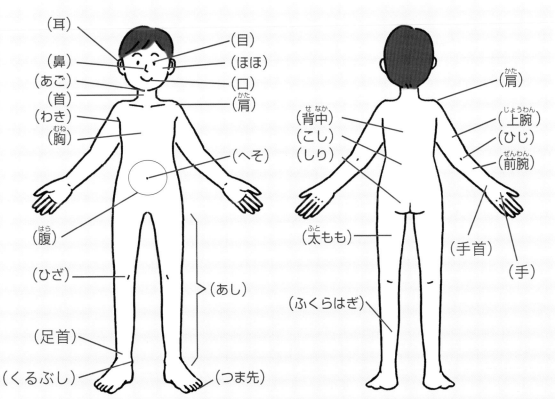

ここで学ぶこと ▶▶▶ 自分の身体部位に注意を向ける

**練習2-1 さわられた各身体部位の名前を言う**

月曜日は、自分の体に注意を向ける練習をするんだよね。今週は、さわられた場所の名前を言えるかやってみよう。

ゆい

いいよ。

れん

さわるところが見えないように目を閉じててね。

いいよ、でも答えるときは目を開けていいんだよね。

うん、いいよ。
じゃあ、さわるよ。

やってみよう！

次の部位をさわってみましょう。
さわられた人は、さわられた場所の名前を言いましょう。

① 背中
② 首
③ 左のひざの裏
④ 右の人差し指
⑤ 左のひじ

さわる前には必ず、「いくよ〜」などの合図をしてね。

ここで学ぶこと ▶▶▶ 他者のポーズをまねる

## 練習2-2 ポーズを見た後に見本なしでまねる

見ながらまねできないってこと？

れん

ゆい

先週はポーズを見ながらまねをする練習をしたけど、今度はポーズをじっと見て覚えて、「はい」と言ったらまねてみてね。

そうだよ。

じゃあ、しっかり覚えなきゃ。

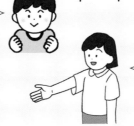

じゃあ、このポーズを10秒くらい、よく見てね。

はい！

次のポーズをまねてみましょう。
① 右手を前に出す（手のひらは下）
② 左手をまっすぐ上に上げる（手のひらは前）
③ 両手をまっすぐ上に上げる（手のひらは内向き）
④ 両手をまっすぐ上に上げる（手のひらは外向き）
⑤ 両手を前に出す（手のひらは上）

①  ②  ③  ④  ⑤

ここで学ぶこと ▶▶▶ 身体のポーズを言語化する

## 練習2-3 両手のポーズを言葉で言い表す（1関節<sup></sup>）

水曜日は、ポーズを言葉で言い表す練習だね。今週は両手でポーズしてみるから、言葉で表現してみてね。

ゆい

分かった。

れん

やってみよう！

ポーズを言葉で言い表してみましょう。
※ 交代してやってみましょう。

① ② ③

④ ⑤

ここで学ぶこと ▶▶▶ バランス力を向上させる

練習2-4 **片足立ちで5秒以上（左足）**

ゆい

先週は右足で片足立ちをやってみたから、今度は左足で立ってみようよ。

分かった。

れん

左足で片足立ち。何秒できるか予想を立ててみましょう。

予想：（　　　）秒

結果：（　　　）秒

ここで学ぶこと ▶▶▶ 両手への注意力を高める（コグトレ棒）

## 練習2-5 片手で360度回転キャッチ

金曜日は、コグトレ棒を使って、注意力を高める練習をするんだよね。今週は、コグトレ棒を1回転させてキャッチしてみよう。

ゆい

れん

赤を持ったら、また赤を持つんだね。

1回転

そうだよ。

手前に1回転

やってみよう！

次の回転キャッチをやってみましょう。
① 右手でコグトレ棒を手前に360度回転　続けて10回
② 左手でコグトレ棒を手前に360度回転　続けて10回
③ 右手でコグトレ棒を逆に360度回転　続けて10回
④ 左手でコグトレ棒を逆に360度回転　続けて10回

逆に1回転

ここで学ぶこと ▶▶▶ 音に合わせて体を動かす

### (練習2-6) 音楽に合わせて足ぶみをする

ゆい

土曜日は、音楽に合わせて体を動かす練習をしよう。先週は手を使ったから、今週は……

足を使う？

れん

正解！カンがいいね。音楽に合わせて足ぶみをするの。

こんな感じかな？

おっ！いいね。その調子！

やってみよう！

音楽に合わせて足ぶみをしてみましょう。
① 春の小川　　4拍子の足ぶみ　　2拍子の足ぶみ
② 茶つみ　　　4拍子の足ぶみ　　2拍子の足ぶみ
③ ぞうさん　　3拍子の足ぶみ
④ 好きな歌に合わせて足ぶみ

第1週
第2週
第3週
第4週
第5週
第6週
第7週
第8週
第9週
第10週
第11週
第12週

31

ここで学ぶこと▶▶▶他者の動きをまねる

## 練習2-7 両手の動きをまねる（2動作）

日曜日は、他の人の動きを
まねする練習だよ。この前
は片手（かた）だったから、今度は
両手の動きをまねしてみよ
う。

よし、やってみよう！

れん

次の動きをまねてみましょう。

① 両手　グー→チョキ

② 両手　パー→親指だけのばして他の指は曲げる

③ 両手　チョキ→中指を曲げる

④ 左右の手を上にまっすぐ上げる→左右の手を横にのばす（手のひら上）

⑤ 左右の手を横に伸ばす（手のひら前）→肩（かた）の関節（かんせつ）はそのままで、ひじを90
度曲げる

①　②

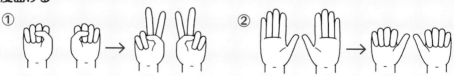

③

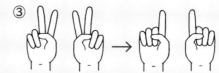

④　⑤

**考えてみよう！** 動きを見て覚えるときに、どうやって覚えたらいいか考えてみましょう。

頭の中で映像がうかぶように覚える？
　それとも自分の身体をいっしょに動かしているような想像をして覚える？
　両方の手の動きを覚える必要はあるかな？

ちなみ先生

**ちなみ先生からのアドバイス**

　自分が動作を覚えやすい方法を選ぶといいですよ。人によって覚え方はいろいろです。

**この週のまとめ**

　今週は両手または両足を使いました。左右が同じ動きをするときは、左右のどちらか一方の動きを覚えたらよさそうですね。動作を覚えやすい自分なりの方法を見つけていきましょう。

コグトレ先生

第1週
第2週
第3週
第4週
第5週
第6週
第7週
第8週
第9週
第10週
第11週
第12週

ここで学ぶこと ▶▶▶ 自分の身体部位に注意を向ける

## 練習3-1 コグトレ棒を使って身体部位を指し示す

これで何をするの？

月曜日は、自分の体に注意を向ける練習だね。今週は、コグトレ棒を使うよ。

私が言った身体部位を、この棒の先で指すんだよ。

見ながらでもいいの？

うん、まずは見ながらやってみよう。

 やってみよう！

自分の体の次の部位を、コグトレ棒で指してみましょう。
① 左のひざ
② 右のひじ
③ 左の肩
④ こし
⑤ 右の足首

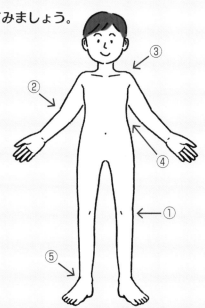

ここで学ぶこと ▶▶▶ 他者のポーズをまねる

## 練習3-2 左右がちがうポーズをまねる

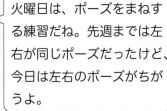

ゆい

火曜日は、ポーズをまねする練習だね。先週までは左右が同じポーズだったけど、今日は左右のポーズがちがうよ。

れん

ちょっと難しくなるね。

でも、前回やったポーズの組み合わせばかりだからだいじょうぶだよ。

そうなんだ。じゃあ、やってみようかな。

では、ポーズをよく見てまねてみてね。

**やってみよう！**

次の動きをまねてみましょう。

①右手：前にまっすぐのばす（手のひらは上）、左手：横にまっすぐのばす（手のひらは前）

②右手：前にまっすぐのばす（手のひらは下）、左手：上にまっすぐのばす（手のひらは前）

③右手：横にまっすぐのばす（手のひらは前）、左手：後方にまっすぐのばす（親指は下）

④右手：上にまっすぐのばす（親指は後ろ）、左手：横にまっすぐのばす（手のひらは下）

⑤右手：後方にまっすぐのばす（親指は下）、左手：前にまっすぐのばす（手のひらは下）

①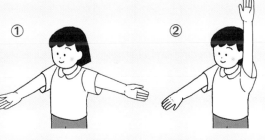

② 

③

④

⑤

第1週
第2週
第3週
第4週
第5週
第6週
第7週
第8週
第9週
第10週
第11週
第12週

ここで学ぶこと ▶▶▶ 身体のポーズを言語化する

 練習3-3 **片手のポーズを言葉で言い表す（2関節）**

水曜日は、私がとったポーズを言葉で言い表す練習の続きだよ。

ゆい

まねるなら簡単だけど、言葉で言うのはけっこう難しいよね。

れん

そうだね。でも、言葉で言えるようになると、動作をまねることがもっと上達するんだって。

そうなんだ。じゃあ、がんばろう！

では、このポーズは何て言ったらいいかな？

 **やってみよう！** ポーズを言葉で言い表してみましょう。

① 　② 　③

④ 　⑤

ここで学ぶこと ▶▶▶ バランス力を向上させる

## 練習3-4 線上でつぎ足歩行（前に5歩）

こんな感じ？

れん

今日は「つぎ足」といって、つま先とかかとを交互につけながらまっすぐ歩いてみるよ。

うん、そうだよ。じゃあ、この線の上から外れないように続けて歩けるかな？

ゆい

やってみる！

目標は5歩だよ！

やってみよう！　つぎ足歩行で、線の上から外れないように歩いてみましょう。何歩できるか予想を立ててみましょう。

予想：（　　　）歩
結果：（　　　）歩

第1週
第2週
第3週
第4週
第5週
第6週
第7週
第8週
第9週
第10週
第11週
第12週

ここで学ぶこと ▶▶▶ 両手への注意力を高める（コグトレ棒）

## 練習3-5 両手で180度・360度回転キャッチ

金曜日は、コグトレ棒を使った練習だね。片手は上手になったから、今度は両手でやってみよう。

ゆい

コグトレ棒を2本使うんだね。

れん

そうだよ。

両方をいっしょに回転させるなんて、できるかな……

きっとできるよ！

やってみよう！

次の回転キャッチをやってみましょう。
① 両手でコグトレ棒を手前に180度回転　続けて10回
② 両手でコグトレ棒を手前に360度回転　続けて10回
③ 両手でコグトレ棒を逆に180度回転　続けて10回
④ 両手でコグトレ棒を逆に360度回転　続けて10回

ここで学ぶこと ▶▶▶ 音に合わせて体を動かす

**練習3-6** 音楽に合わせて足ぶみ4回、手拍子を4回を交互に行う

ゆい

> 土曜日は、音楽に合わせて体を動かす練習だね。今日は、手と足を両方使ってみるよ。

れん

> えー、難しそうだな。

> 交互に4回ずつならどう？

> それならなんとかできそう！

> じゃあ、音楽スタート！

 音楽に合わせて手足を動かしてみましょう。

① 春の小川　足ぶみ4回、手拍子4回をくり返す

② 大きなくりの木の下で　足ぶみ4回、手拍子4回をくり返す

③ 手をたたきましょう　足ぶみ4回、手拍子4回をくり返す

④ 好きな音楽に合わせて足ぶみ、手拍子をくり返す

ここで学ぶこと ▶▶▶ 他者の動きをまねる

## 練習3-7 片手の動きをまねる（3動作）

ゆい

日曜日は、他の人の動きを
まねする練習だよ。前回は
2つの動きをしたけど、今
日は3つの動きだよ。

れん

ゆっくりした動きなら
できそう！

うんうん、最初はゆっくり
した動きでやってみてもい
いね。

次の動きをまねてみましょう。
①右手　パー→チョキ→グー
②左手　チョキ→OKサイン→パー
③右手　グー→親指だけのばす→小指ものばす
④右手　手を上にまっすぐのばす→手のひらを前に向ける→手首を曲げる
⑤左手　手を横にのばす→手のひらを下に向ける→ひじを90度前に曲げる

①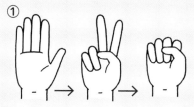

②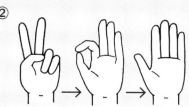

③

④

⑤

**考えてみよう！** 物を持って操作する動作には、どんなことがあると思いますか？
物が手指の延長になっていると想像してみてください。

**ちなみ先生からのアドバイス**

　ドッジボールやサッカーはボールを直接持って投げたりけったりしますが、野球で打つときにはバットを使います。道具をうまく使えるようになるためには、手の延長した先で操作できるようになることが大事なんですよ。ダンスで物を使うことは少ないかもしれないですが、人との距離を適切にとるときには役に立つと思います。

**この週の まとめ**

コグトレ先生

　コグトレ棒を使うと、自分の指で指すよりも少し難しくなったことに気づいたでしょうか？身体の延長といって、指先の延長した部分を予測してうでを動かすから、頭の中でコグトレ棒の長さを考えて、うでやひじ関節、手関節を動かしているんですよ。

>>> 　物を持って操作する動作には、例えばこんなことがあるよ。

ここで学ぶこと▶▶▶自分の身体部位に注意を向ける

**練習4-1　コグトレ棒を使って身体部位を見ないで指し示す**

今日は、コグトレ棒の先で身体部位を指す練習の続きだよ。

ゆい

先週は、見ながらやってみたよね。

れん

そうだね。今週は、見ないで指し示してみよう。

分かったよ。

**やってみよう！**
コグトレ棒の先で、自分の体の次の部位を見ないで指してみましょう。

① 左のひじ
② 右のひざ
③ 左の肩
④ 背中の右側
⑤ 左のわきの下

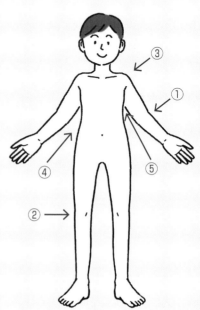

ここで学ぶこと ▶▶▶ 他者のポーズをまねる

練習4-2 左右がちがうポーズを見た後にまねる

ゆい

火曜日は、ポーズをまねする練習だね。ポーズを見て覚えてから、私が「はい」と言ったらポーズしてね。

分かった。前にもやったよね。

れん

そうそう。今回は左右がちがうポーズだから、少しだけ難しくなるよ。

じゃあ、このポーズを10秒くらい、よく見てね。

はい！

**やってみよう！**

次のポーズをまねてみましょう。

① 右手：前にまっすぐのばす（手のひらは上）、左手：横にまっすぐのばす（手のひらは下）

② 右手：横にまっすぐのばす（手のひらは上）、左手：上にまっすぐのばす（親指は後ろ）

③ 右手：上にまっすぐのばす（手のひらは前）、左手：後方にまっすぐのばす（親指は下）

④ 右手：後方にまっすぐのばす（親指は下）、左手：前にまっすぐのばす（手のひらは下）

⑤ 右手：前にまっすぐのばす（親指は上）、左手：横にまっすぐのばす（手のひらは前）

※ 49ページを参考にしてね。

① ②
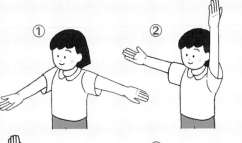

③ ④
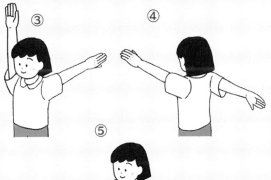

⑤

第1週 第2週 第3週 第4週 第5週 第6週 第7週 第8週 第9週 第10週 第11週 第12週

ここで学ぶこと ▶▶▶ 身体のポーズを言語化する

 **練習4-3 左右がちがう両手のポーズを言葉で言い表す（1関節<sub>かんせつ</sub>）**

水曜日は、私<sub>わたし</sub>がとったポーズを言葉で言い表す練習の続<sub>つづ</sub>きだよ。
今週は、両手を使ったポーズをやってみよう。

 ゆい

片<sub>かた</sub>手ずつ言えばいいんだよね？

れん

そうだよ。では、このポーズを言葉で言い表してみて。

 **やってみよう！** 次のポーズを言葉で言い表してみましょう。

① ② ③

④ ⑤

ここで学ぶこと ▶▶▶ バランス力を向上させる

第1週
第2週
第3週
第4週
第5週
第6週
第7週
第8週
第9週
第10週
第11週
第12週

## 練習4-4 線上でつぎ足歩行（後ろに5歩）

できるかな……

れん

ゆい

今日は、つぎ足歩行を後ろ向きに歩いてみよう。かかととつま先を交互につけてね。

そうだね！

失敗しても、何度でもチャレンジしたらいいよ。

目標は5歩だよ！

つぎ足後ろ向き歩行をやってみましょう。何歩できるか予想を立ててみましょう。

予想：（　　　）歩
結果：（　　　）歩

45

ここで学ぶこと ▶▶▶ 両手への注意力を高める（コグトレ棒）

## 練習4-5 左右が逆回転の180度回転キャッチ

金曜日は、コグトレ棒を使った練習だね。今度はちょっと難しいよ。

えー、どんなふうに？

ゆい

れん

右手は手前に回転させて、左手は逆回転をするよ。

そんなことできるかな～。

練習すればできるよ！

やってみよう！

次の回転キャッチをやってみましょう。
① 右手でコグトレ棒を手前に180度回転　左手で逆に180度回転　続けて5回
② 左手でコグトレ棒を手前に180度回転　右手で逆に180度回転　続けて5回
③ A：右手でコグトレ棒を手前に180度回転　左手で逆に180度回転
　　B：左手でコグトレ棒を手前に180度回転　右手で逆に180度回転
　　ABを続けて5回

ここで学ぶこと ▶▶▶ 音に合わせて体を動かす

## 練習4-6 音楽に合わせて手拍子と足ぶみを同時に行う

ゆい

> 土曜日は、音楽に合わせて体を動かす練習だね。今日は、手拍子と足ぶみを同時にやってみよう。

> バラバラになっちゃいそうだな～。

れん

> 速くなりすぎたり、おそくなりすぎたりしないように、音楽をしっかり聞いてみて。

> お！できてきた気がする！

 音楽に合わせて手足を動かしてみましょう。
① 手をたたきましょう
② ミッキーマウス・マーチ
③ きらきら星
④ 好きな音楽に合わせて手拍子と足ぶみを同時に行う

47

ここで学ぶこと▶▶▶他者の動きをまねる

## 練習4-7 両手の動きをまねる（3動作）

日曜日は、他の人の動きを
まねする練習だよ。今日は
両手の動きをまねしてね。

ゆい

えー、片手より難しそ
うだな。

れん

両手をしっかり見てやって
みよう！

次の動きをまねてみましょう。

① 両手　パー→チョキ→グー

② 両手　グー→人差し指だけのばす→OKサイン

③ 両手　チョキ→グー→親指だけのばす

④ 両手　上にまっすぐ上げる（手のひらは外向き）→手のひらを前に向ける→
手のひらを向かい合わせにする

⑤ 両手　横にのばす→手のひらを下に向ける→ひじを90度曲げる

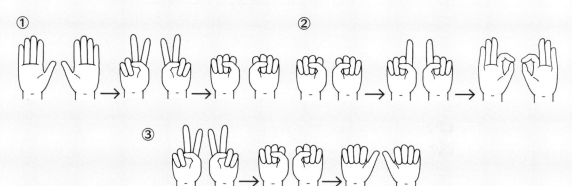

**考えてみよう!** 正面で向き合うと、相手の右と自分の右は反対にあるので、まねるときに混乱しやすいと思いますが、どうしたらスムーズに相手のポーズがまねできると思いますか?

**ヒント**

正面で向き合わない方法もあるよ。
正面で向き合ったときは、頭の中でどんなことを言いながらまねているか想像してみよう。

ちなみ先生

**ちなみ先生からのアドバイス**

見本を見せている人の後ろに立ったら、まねがしやすくなりますね。また、自分が見本を見せている人と同じ向きになって確認してもよいです。でも、慣れてきたら、向き合った状態でも、まねができるようになるといいですね。そのためには、「右手を前に出して、手のひらは上」など一度、言葉に直してから自分の体を動かすとまちがえないですよ。

**この週のまとめ**

模倣する力はとても大事なんです。ダンスを覚えるときにももちろん必要ですが、学校で漢字を覚えたり、そうじの仕方を学んだりすることも最初はすべて模倣です。みなさんが大きくなって将来、仕事を始めたときにも、最初は先輩をまねて仕事をすることになるはずです。それから、模倣ができるということは、相手の姿勢を自分に置きかえる、ということですので、相手の立場に立って考えるという、人との良好な対人関係を育むための重要な基礎になります。

コグトレ先生

ここで学ぶこと▶▶▶自分の身体部位に注意を向ける

練習5-1 **感触を言葉で表現する**

表面をさわってみて。どんな感じがする？

う〜ん。
ふわふわだね。

れん　　ゆい

そうそう、そんな感じで言葉で表現してみて。

分かった！

やってみよう！

家にある物で手ざわりのちがう物を準備して、感触を言葉で表現してみましょう。

① スポンジ

② 紙やすり

③ ファスナー

④ 下じき

⑤ タオル

他の言い方はないか、家の人にも聞いてみましょう。

ここで学ぶこと ▶▶▶ 他者のポーズをまねる

## 練習5-2 左右がちがう手のポーズをまねる（2関節(かんせつ)）

火曜日は、ポーズをまねする練習だね。今日のポーズはこんな感じだよ。

ゆい

あ、ひじが曲がっているね。

れん

よく気づいたね。

そりゃ、分かるよ。

じゃあ、ポーズをよく見てまねてみてね。

やってみよう！

次の動きをまねてみましょう。

① 右手：前にまっすぐのばす（手のひらは下）、左手：横にまっすぐのばして（手のひらは下）ひじを前方向に90度曲げる

② 右手：前にまっすぐのばして（手のひらは下）ひじを上に90度曲げる、左手：上にまっすぐのばす（手のひらは前）

③ 右手：横にまっすぐのばす（手のひらは下）、左手：後方にまっすぐのばして（親指は下）ひじを前方向に90度曲げる

④ 右手：上にまっすぐのばして（親指は後ろ）手首を左方向に90度曲げる、左手：横にまっすぐのばす（手のひらは上）

⑤ 右手：後方にまっすぐのばす（親指は上）、左手：前にまっすぐのばして（親指は上）ひじを右方向に90度曲げる

①
②
③
④

ここで学ぶこと ▶▶▶ 身体のポーズを言語化する

 練習5-3 ポーズの絵①：絵を見て相手が分かるように言葉で伝える（聞きながらポーズ：2関節の動き）

> 先週は私のポーズを言葉で表したけど、今日は絵を見て、それを言葉で伝える練習をするよ。

ゆい

> 先週よりも、おもしろそうだね。

れん

> 私はれんが言うとおりに体を動かすからね。

> 分かったよ。

> じゃあ、好きな絵を選んで言ってみて。

 やってみよう！

絵のポーズを言葉で言い表してみましょう。
伝える人とポーズをする人を交代してやってみましょう。

自分で絵をかいて、そのポーズを伝えましょう。

ここで学ぶこと ▶▶▶ バランス力を向上させる

 練習5-4 四つ這い位で右手と左足をのばす（10秒以上）

今日のバランスは、こんな姿勢でやってみるよ。

これもバランスの練習なの？

れん　　　ゆい

そうだよ、目標は10秒だけどできるかな？

 やってみる！

 やってみよう！　四つ這い位で右手と左足をのばしてみましょう。

最高持続時間：（　　　　）秒（30秒まで）

ここで学ぶこと▶▶▶両手への注意力を高める（コグトレ棒）

## 練習5-5 2人で1本ずつを使ってキャッチ・逆回りも

金曜日は、コグトレ棒を使った練習だね。今日は2人でキャッチ棒をするよ。

ゆい

へ〜、何それ？

れん

1人1本のコグトレ棒を持って、おたがいに投げてキャッチするんだよ。

簡単だね。

右手に持って投げて、キャッチは左手だよ。棒の真ん中の黄色いところを持ってね。

やってみよう！

2人でキャッチ棒をやってみましょう。
① 右回り　続けて10回
② 左回り　続けて10回
③ 途中の合図で逆回り　続けて10回
※ 57ページを参考にしてね。

ここで学ぶこと ▶▶▶ 音に合わせて体を動かす

練習5-6　**音楽に合わせて正方形の4点に足を順にふむ**

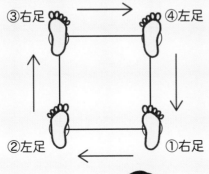

③右足　　④左足
②左足　　①右足

土曜日は、音楽に合わせて
体を動かす練習だね。
今日は正方形の角を音楽に
合わせてふんでみよう！

ゆい

わあ、これ、
足がクロスして
難しいな。

れん

交差する足を前にするか
後ろにするか、れんは、
どっちがやりやすいかな？

前の方がやりやすいかも！

じゃあ、何回か音楽に合
わせてやってみよう！

やって
みよう！

好きな音楽に合わせて右足→左足→右足→左足の順に、
番号のところをふんでみましょう。
① ❶❷❸❹の順
② ❶❹❸❷の順
③ ❸❷❶❹の順
④ ❷❹❶❸の順
⑤ ❸❶❹❷の順

②　　①

④　　③

ここで学ぶこと▶▶▶他者の動きをまねる

## 練習5-7 両手で1つ前の動作をまねる（10回）

日曜日は、他の人の動きをまねする練習だね。今日は先週より少し難しくなるよ。

ゆい

えー、どんなことをするの？

れん

私が両手でする動きの、1つ前の動きをまねしてね。

じゃあ、ゆいの動きを覚えながら動かなきゃいけないんだね。

そうだよ。難しいから、ゆっくりやってみよう！

① 両手を使って「はい」とかけ声をかけながらポーズする（10回程度）

② もう1人は、1つ前の動きをまねする

③ 交代して、同じようにポーズをする（10回程度）

※ ポーズは両手を使ったものであれば、自由に考えてかまいません。
　 ただし、最初は両手が同じ動きから始めましょう。

**考えて みよう！** コグトレ棒を、相手がキャッチしやすいように投げるためにはどうしたらいいでしょう？

自分が受け取るときにどんなふうに投げてもらうと受け取りやすいか、考えてみたらいいですよ。

ちなみ先生

**ちなみ先生からの アドバイス**

コグトレ棒が垂直のまま、ふわりと飛んできたらキャッチしやすいですね。そして、毎回、同じ位置に同じスピードで飛んできた方が予測もつきやすく、キャッチしやすくなると思います。垂直のまま、ふわりと投げるためにはどうしたらよいか、自分で練習してみるといいですよ。

**この 週の まとめ**

コグトレ棒のキャッチ棒では、相手との距離によって、投げる力が変わってきます。相手が遠ければやや大きく投げる必要がありますが、近ければ、そっと投げないといけません。どの程度の力であれば、どの程度の距離まで飛ぶか、ということは事前に知っておく必要があります。

今週は、左右の動きがちがったり、足の動きも複雑になったりしてきました。いずれの動きも最初は考えてから動かすために時間がかかりますが、考えずに動かせるようになると、速く動かせるようになりますし、目の前の動きを覚える余裕も出てきます。

コグトレ 先生

ここで学ぶこと ▶▶▶ 自分の身体部位に注意を向ける

## 練習6-1 箱の中の物が何か手探りで当てる

ゆい

> この箱の中に入っている物は何でしょう？両手を入れて確かめてみて。

> え〜、見ちゃだめ？

れん

> そう、見ないで手でさわってみるんだよ。

> できるかな〜。

やってみよう！

　家にある物をまず1つ、箱の中に入れてみましょう。箱がなければバスタオルを使ってもいいよ。

　何が入っているか当てるのが難しかったら、まず3つくらいの物を見せてから箱の中に入れて、その中からある指定された物を選び出すことから始めてみましょう。

① ミニカー

② たわし

③ 消しゴム

④ ポケットティッシュ

⑤ 定規

※ 65ページを参考にしてね。

ここで学ぶこと ▶▶▶他者のポーズをまねる

練習6-2 **左右がちがう手のポーズを見た後にまねる（2関節）**

だんだん難しくなってきたよね。

れん

今週はポーズを見ながらではなくて、ポーズを見て覚えてから、「はい」と言ったらポーズしてね。

ゆい

先週もうまくポーズをまねできていたから、だいじょうぶだよ。

そうかな、じゃあ挑戦だ！

では、このポーズを10秒くらい、よく見てね。

はい！

次のポーズをまねてみましょう。

やってみよう！

① 右手：前にまっすぐのばす（手のひらは上）、左手：上にまっすぐのばして（手のひらは前）ひじを右方向に90度曲げる

② 右手：横にまっすぐのばして（手のひらは下）ひじを前方向に90度曲げる、左手：後ろにまっすぐのばす（手のひらは上）

③ 右手：上にまっすぐのばす（親指は後ろ）、左手：横にまっすぐのばして（手のひらは上）ひじを上方向に90度曲げる

④ 右手：後ろにまっすぐのばして（親指は下）ひじを下方向に90度曲げる、左手：前にまっすぐのばす（手のひらは下）

⑤ 右手：前にまっすぐのばす（親指は上）、左手：上にまっすぐのばして（手のひらは前）手首を前方向に90度曲げる

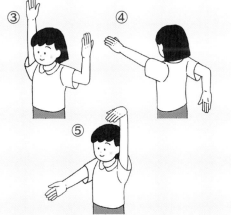

第1週 第2週 第3週 第4週 第5週 第6週 第7週 第8週 第9週 第10週 第11週 第12週

ここで学ぶこと ▶▶▶ 身体のポーズを言語化する

**練習6-3** ポーズの絵②：絵を見て相手が分かるように言葉で伝える（聞いた後にポーズ：2関節の動き）

先週は、絵を見て、それを言葉で伝える練習をしたよね。今回は、言葉を聞き終わってからポーズをしてみよう。

どんなポーズかを言っている間に体を動かしたらいけないんだね。

れん　ゆい

そうだよ。

うまく伝わったか、ポーズを見ないと分からないね。

それがおもしろいんだよ。

やってみよう！

絵のポーズを言葉で言い表してみましょう。
伝える人とポーズをする人を交代してやってみましょう。

自分で絵をかいて、そのポーズを伝えましょう。

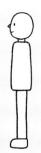

ここで学ぶこと ▶▶▶ バランス力を向上させる

練習6-4 四つ這い位で右手と左足をのばす（目を閉じる）

れん　　　　　　　　ゆい

今日のバランスは、先週と同じ姿勢だけど、目を閉じてやってみるよ。

おもしろそうだね！

それでは、時間を測ってみよう。

やってみよう！

目を閉じて、四つ這い位で右手と左足をのばしてみましょう。

最高持続時間：（　　　）秒（30秒まで）

ここで学ぶこと ▶▶▶ 両手への注意力を高める（コグトレ棒）

## 練習6-5 2人で2本ずつを使ってキャッチ・逆回りも

ゆい

れん

金曜日は、コグトレ棒を使った練習だね。今日は1人2本のコグトレ棒を持ってキャッチ棒をするよ。

じゃあ、右手で投げたら、左手に持っているコグトレ棒は右手に持ちかえるの？

そういうこと。さすがだね。

よし、やってみよう！

やってみよう！

2人で2本ずつのコグトレ棒を持って、キャッチ棒をやってみましょう。
① 右回り　続けて10回
② 左回り　続けて10回
③ 途中の合図で逆回り　続けて10回

ここで学ぶこと ▶▶▶ 音に合わせて体を動かす

第1週
第2週
第3週
第4週
第5週
第6週
第7週
第8週
第9週
第10週
第11週
第12週

**練習6-6 音楽に合わせて正方形の4点に足を逆回りにふむ**

今日は、正方形の角を音楽に合わせてふむ練習の続きをやるよ。
れん、コツがつかめてきたみたいだね！

ゆい

楽しくなってきた！

れん

③左足 ← ②右足

④右足 → ①左足

じゃあ、今度は逆回りでやってみよう。

今度は交差する足を後ろにする方がやりやすい！

よおし、では、音楽スタート！

**やってみよう！** 好きな音楽に合わせて左足→右足→左足→右足の順に、番号のところをふんでみましょう。
① ❹❸❷❶の順
② ❷❸❹❶の順
③ ❹❶❷❸の順
④ ❸❶❹❷の順
⑤ ❷❹❶❸の順

② ①

④ ③

ここで学ぶこと ▶▶▶ 他者の動きをまねる

## 練習6-7 全身を使って1つ前の動作をまねる（10回）

ゆい

日曜日は、他の人の動きを
まねする練習だね。今日は
両手だけじゃなくて、全身
を使って私の動きをまねし
てね。

まさか1つ前の動作を
まねするの！？

れん

そうだよ。難しいと思うけど、
体のどこの部分が使われて
いるか覚えるのが大切だよ。

よし、やってみよう！

やってみよう！

次の順にやってみましょう。

① 全身を使って「はい」とかけ声をかけながらポーズする（10回程度）

② もう1人は、1つ前の動きをまねする

③ 交代して、同じようにポーズをする（10回程度）

※ ポーズは自由に考えてかまいません。

**考えて みよう！** 箱の中の物が何かを手探りで当てる課題では、見なくても箱の中身が何であるか分かったよね。では、どうして分かったのでしょう？

さわったときにどんなことを考えたかな？思い出してみましょう。

ちなみ先生

**ちなみ先生からの アドバイス**

　見なくても手の指先だけで何かを判別できるなんて、すごいですね。実は、手で探ることで、物の大きさや形、ふれた感触、重さ、かたさなどいろいろな情報を瞬時に判断して、これまで自分が見たりさわったりしてきたものに一番、近い物を選び出しています。手を使っているようで、実は頭の中でたくさんの情報が行き来しているんですよ。
　もしさわっただけで当てるのが難しければ、何色？どこで使う？など質問してみましょう。

**この週の まとめ**

　見るのは視覚、手で触感や大きさを確かめるのは体性感覚といいます。目で見ながら操作することも最初は大事ですが、慣れてくると、見なくてもできるようになることもたくさんあると思います。くつのかかとを入れる、服をぬぐなど慣れた動作は、じっと手元を見なくてもできているのではないでしょうか。ダンスでは、見本を見た後に、自分の体を動かして同じようにまねる必要があります。まねるときに、自分の体をじっと見るわけにはいきません。見たことと体性感覚が一致していると、スムーズに模倣につながる、というわけです。

コグトレ先生

ここで学ぶこと▶▶▶自分の身体部位に注意を向ける

## 練習7-1 さわられた背中の位置を絵で示す

この絵はれんの背中だよ。

この絵で何をするの？

れん　　ゆい

これから私がれんの背中をさわるから、どこをさわったかを絵にかいてある番号で教えて。

そういうことか、分かった。

じゃあ、さわるよ。

 やってみよう！

次の絵を参考に、背中をさわってみましょう。
さわられた人は、さわられた位置を示してみましょう。

○4か所　　　○6か所（縦）　　　○6か所（横）　　　○9か所

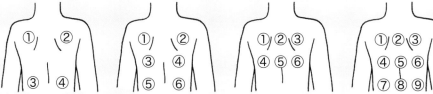

さわる前には必ず、「いくよ～」などの合図をしてね。

ここで学ぶこと▶▶▶他者のポーズをまねる

## 練習7-2 両手・両足のポーズをまねる（3関節）

ゆい

先週までは手だけだったけど、今日からは足のポーズも入るよ。

じゃあ、ポーズをよく見てまねてみてね。

れん

楽しそうだね！

次のポーズをまねてみましょう。

① 右手：前にまっすぐのばす（親指は上）、左手：上にまっすぐのばして（親指は後ろ）ひじを右方向に90度曲げる、右足：前に一歩出す

② 右手：横にまっすぐのばして（手のひらは下）ひじを前方向に90度曲げる、左手：横にまっすぐのばす（手のひらは上）、左足：横に一歩出す

③ 右手：上にまっすぐのばす（親指は後ろ）、左手：前にまっすぐのばして（手のひらは下）ひじを右方向に90度曲げる、左足：後ろに一歩さげる

④ 右手：後ろにまっすぐのばして（手のひらは上）手首を下方向に90度曲げる、左手：前にまっすぐのばす（手のひらは下）、左足：かかとをつけてつま先を上に上げる

⑤ 右手：前にまっすぐのばす（手のひらは上）、左手：後ろにまっすぐのばして（親指は下）ひじを下方向に90度曲げる、右足：つま先を右90度にする

ここで学ぶこと ▶▶▶ 身体のポーズを言語化する

 **練習7-3** ポーズの絵③：絵を見て相手が分かるように言葉で伝える（聞きながらポーズ：3関節の動き）

伝えるポイントも分かったし、難しいポーズでもだいじょうぶだよ。

れん

ゆい

今週も、絵を見て、それを言葉で伝える練習をするよ。今回は、手だけでなくて足も使ったポーズになるよ。

分かった。

じゃあ、言葉で伝える役とポーズをする役を交代でやってみようね。
ポーズをするのは、言葉を聞きながらでいいよ。

 やってみよう！

絵のポーズを言葉で言い表してみましょう。
伝える人とポーズをする人を交代してやってみましょう。

自分で絵をかいて、そのポーズを伝えましょう。

  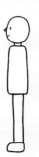

ここで学ぶこと ▶▶▶ バランス力を向上させる

 練習7-4 片足立ちをしながらポーズ（3つ）

 ゆい

木曜日は、バランスをとる練習だね。今日は、片足立ちをしながら、私が言ったとおりに体を動かしてね。

 れん

どっちの足で立ってもいいの？

うん、得意な方で立っていいよ。

片足で立ったよ。

じゃあ、始めよう。

 やってみよう！

片足立ちをしながら、体を動かしてみましょう。

① 右手をまっすぐ上に上げる／右手を横にのばす／右手をおろす

② 右手を前にのばす／左手を前にのばす／両手をおろす

③ 右手を横にのばす／左手をまっすぐ上に上げる／右手でこしをさわる

④ 右手で頭をさわる／左手で右の肩をさわる／左手で右のひじをさわる

※ いずれも5秒以上保持

第1週 第2週 第3週 第4週 第5週 第6週 第7週 第8週 第9週 第10週 第11週 第12週

ここで学ぶこと ▶▶▶ 両手への注意力を高める（コグトレ棒）

## 練習7-5 4人で2本ずつを使ってキャッチ・逆回りも

やった～！楽しそう！

れん

ゆい

金曜日は、コグトレ棒を使った練習だね。2人でキャッチ棒は上手になったから、今日はお父さんとお母さんにも参加してもらおう！

分かったよ、お父さん、お母さんもがんばって！

最初は1本ずつを持って右回りの練習をしてから、1人2本に挑戦してみようね。

よし、がんばるぞ～！

お父さん　お母さん

コグトレ棒を使って、4人でキャッチ棒をやってみましょう。
① コグトレ棒1本を各自が持って、右方向にキャッチ棒　続けて10回
② コグトレ棒1本を各自が持って、左方向にキャッチ棒　続けて10回
③ コグトレ棒2本を各自が持って、右方向にキャッチ棒　続けて5回
④ コグトレ棒2本を各自が持って、左方向にキャッチ棒　続けて5回

ここで学ぶこと ▶▶▶ 音に合わせて体を動かす

練習7-6 **音楽に合わせて手拍子をしながら
正方形の4点に足を順にふむ**

ゆい

今日は、正方形の角を音楽に合わせてふむ練習の続きをやるよ。今回は、この前やった足の動きに手拍手をつけてみるよ。

れん

足ぶみのときにしたことと似てるね！

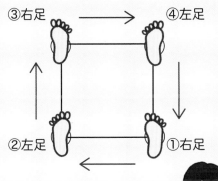

③右足　→　④左足

②左足　　①右足
←

そうそう！手拍手と足の動きがずれないようにできるといいね！

ゆっくりならできるかも！

うんうん、最初はゆっくりでもいいよ！

**やってみよう！**

好きな音楽に合わせて手拍子をしながら、番号のところをふんでみましょう。

① 右足から　❶❹❸❷ …… (1)
② 左足から　❹❶❷❸ …… (2)
③ 右足から　❸❶❹❷ …… (3)
④ 左足から　❹❷❸❶ …… (4)
⑤ (1)(2)(3)(4)を順にステップしながら手をたたく

②　　①

④　　③

ここで学ぶこと▶▶▶他者の動きをまねる

### 練習7-7 折り紙の折り方を見終わってからまねる

わー、今日は折り紙がたくさんあるね。何に使うの？

れん

ゆい

今までの日曜日は体の動きをまねしたけど、今日は体じゃなくて折り紙の折り方をまねしてもらうよ。

不器用だけど、うまくできるかな……

きれいに折れなくてもだいじょうぶだから、やってみよう！

やってみよう！

折り紙の折り方を見終わってからまねしてみましょう。

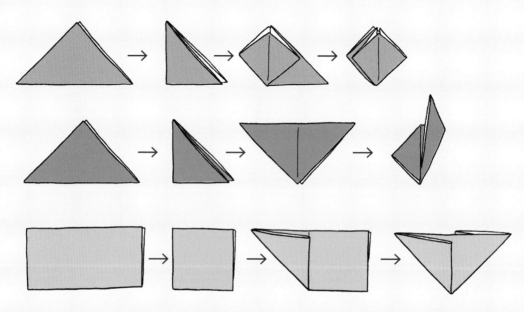

**考えてみよう！** 折り紙の折り方を言葉で伝えるとしたら、何と言ったらいいでしょうか？

ヒント

折る人の立場になって、言葉で表現してみましょう。

ちなみ先生

ちなみ先生からの
**アドバイス**

　折り紙を1枚、わたされても、まずその折り紙をどの向きに置いたらよいか迷うかもしれないですね。角が上下左右になるように置いた場合、「下の角を持って上の角と合わせて三角形を作る」と伝えられます。折り紙を折ったことがある人であれば、「三角に折る」だけでも伝わるかもしれません。言い方はいろいろあると思いますが、例として下に表現方法を挙げました。

　〇 三角に折り、もう一度三角に折って、三角の中に指を入れて四角にする。裏の三角も同じように指を入れて四角にする。つるを作るときの最初の折り方。
　〇 三角に折り、もう一度三角に折って折り目をつけたら広げて、逆三角に置き、真ん中の線に沿って右角は上に、左角は下に折る。
　〇 半分に折って長方形にして、また半分に折って正方形にする。長方形に開いて左下の角を中央上に合わせて折り、右下の角は裏側の中央上に合わせて折る。

この週の **まとめ**

コグトレ
先生

　動きをまねるときには、頭の中で動きを言葉に置きかえると覚えやすくなります。人の動きについて相手に伝わりやすく表現ができるようになると、頭でも動きを言葉に置きかえることがスムーズにできるようになります。

ここで学ぶこと ▶▶▶ 自分の身体部位に注意を向ける

## 練習8-1 2人で背中合わせに座って立ち上がる

足を曲げて座ってみて。

ゆい

うん。

れん

私も背中合わせに座るから、うでを組むよ。

組んだよ。

じゃあ、せーの、で立ち上がってみよう。

やってみよう！

背中合わせに座って、うでを組んだ状態から立ち上がってみましょう。

① 2人で立ち上がる

② 3人で立ち上がる（学校で友達とやってみましょう）

③ 4人で立ち上がる（学校で友達とやってみましょう）

④ 6人で立ち上がる（学校で友達とやってみましょう）

※ 81ページを参考にしてね。

ここで学ぶこと ▶▶▶ 他者のポーズをまねる

**練習8-2 両手・両足のポーズを見た後にまねる（3関節）**

今回もポーズを見て覚えてから、「はい」と言ったらポーズしてね。

ゆい

足のポーズも入ってきたから、よく見ないとね。

れん

いろんな方向から見ていいからね。

分かった。

じゃあ、このポーズを10秒くらい、よく見てね。

はい！

**やってみよう！**

次のポーズをまねてみましょう。

① 右手：横にまっすぐのばす（手のひらは下）、左手：前にまっすぐのばして（手のひらは上）ひじを上方向に90度曲げる、右足：横に一歩出す

② 右手：上にまっすぐのばして（手のひらは前）ひじを左方向に90度曲げる、左手：後ろにまっすぐのばす（親指は下）、左足：つま先を左90度にする

③ 右手：前にまっすぐのばす（手のひらは下）、左手：横にまっすぐのばして（手のひらは下）ひじを前方向に90度曲げる、右足：つま先を上に上げる

④ 右手：横にまっすぐのばして（手のひらは前）ひじを前方向に90度曲げる、左手：上にまっすぐのばす（手のひらは前）、左足：前に一歩出す

⑤ 右手：後ろにまっすぐのばす（手のひらは上）、左手：前にまっすぐのばして（親指は上）ひじを上方向に90度曲げる、右足：後ろに一歩さげる

① ② ③ ④ ⑤

ここで学ぶこと ▶▶▶ 身体のポーズを言語化する

### 練習8-3 ポーズの絵④：絵を見て相手が分かるように言葉で伝える（聞いた後にポーズ：3関節の動き）

今週も、絵を見て言葉で伝える練習と、それを聞いてポーズをする練習だよ。今回は、言葉を聞き終わってからポーズをしてみよう。

分かった。

ゆい

れん

今日はぼくから先に伝えようかな。

どっちが先に言葉で伝える役になる？

いいよ！

やってみよう！

絵のポーズを言葉で言い表してみましょう。
伝える人とポーズをする人を交代してやってみましょう。

自分で絵をかいて、そのポーズを伝えましょう。

ここで学ぶこと ▶▶▶ バランス力を向上させる

**練習8-4 目を閉じて片足立ちをしながらポーズ（3つ）**

ゆい

目を閉じて片足立ちする
のは難しいんだよな〜。
れん

木曜日は、バランスをとる
練習だね。今日は、目を閉
じて片足立ちをしたまま、
私が言ったとおりに体を
動かしてね。

目を閉じると、バランスが
保ちにくくなるものね。

じゃあ、交代しながらや
ってみようよ。

いいよ！

目を閉じて片足立ちをしながら、体を動かしてみましょう。
① 右手を横にのばす／右手をグーにする／右手をおろす
② 右手をまっすぐ上にのばす／左手を横にのばす／両手をおろす
③ 右手を前にのばす／左手を横にのばす／左手でこしをさわる
④ 右手で左の肩をさわる／左手で右の肩をさわる／両手を前にのばす
※ いずれも5秒以上保持

第1週
第2週
第3週
第4週
第5週
第6週
第7週
第8週
第9週
第10週
第11週
第12週

ここで学ぶこと ▶ ▶ ▶ 両手への注意力を高める

 練習8-5 **足ぶみしながら両手がちがう動きをする**

ゆい

今日はコグトレ棒を使わないで、両手への注意力を高める練習をしよう。
右手は上下に動かして、左手は上、横、下に動かすよ。同時に動かすからちょっと難しいけど、できるかな？

ゆっくりならできるかも。
れん

 じゃあ、最初はゆっくりやってみようよ。

あ、できそう！

 両手の動きができてきたら、足ぶみもいっしょにしてみるよ。

ギャー！！難しそう！

 やってみよう！

次の動きをやってみましょう。
① 足ぶみしながら、右手は上下、左手は上、横、下に動かす
② 足ぶみしながら、右手は上、横、下、左手は上下に動かす

ここで学ぶこと▶▶▶音に合わせて体を動かす

練習8-6 音楽に合わせて手拍子をしながら
正方形の４点に足を逆回りにふむ

 ゆい

正方形の角をふむ練習には
慣れてきたんじゃない？

最初よりは慣れてきたか
も。

れん

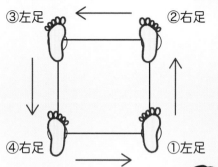

③左足　②右足

④右足　①左足

前回は手拍手をしながら正
方形をふんだから……

ってことは、今日は逆回
りかな？

おっ、カンがさえてるね！

やって
みよう！

好きな音楽に合わせて手拍子をしながら、
番号のところをふんでみましょう。
　① 左足から　❷❸❹❶ …… （1）
　② 右足から　❸❷❶❹ …… （2）
　③ 左足から　❷❹❶❸ …… （3）
　④ 右足から　❶❸❷❹ …… （4）
　⑤ （1）（2）（3）（4）を順にステップしなが
ら手をたたく

② ①

④ ③

第1週 第2週 第3週 第4週 第5週 第6週 第7週 第8週 第9週 第10週 第11週 第12週

ここで学ぶこと ▶▶▶ 他者の動きをまねる

 **練習8-7** 折り紙の折り方を見終わってからまねる（完成品なし）

今週も折り紙の折り方をまねする練習かな？

れん

そうだよ。今週は、完成した折り紙は見えないようにするから、動きだけよく覚えてね。

ゆい

わ～、大変だ！

交代しながらやろうね。

それなら、やってみようかな。

 　折り紙の折り方を見終わってからまねしてみましょう。完成した折り紙は、まねする人からは見えないようにしてください。

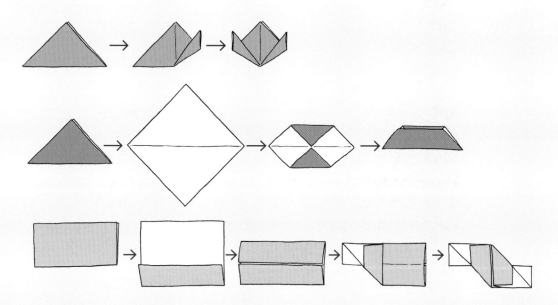

**考えてみよう！** 背中合わせ(せなか)で立ち上がるとき、どうやったらうまく立ち上がれるでしょうか？

ヒント

どこの部分に意識(いしき)を向けるか、どの方向に力を入れたらよいか考えてみましょう。

ちなみ先生

**ちなみ先生からのアドバイス**

　背中(せなか)合わせでうまく立ち上がれない子は、自分だけ立とうとして体を前にかたむけます。でも、上手に立ち上がる子たちを見てください。体は前にたおれません。後ろにいる子の背中(せなか)を感じて、背中(せなか)全体をおしつけると、自然(しぜん)に立てます。
　背中(せなか)に文字を書いて当てるゲームでも、楽しく背中(せなか)に意識(いしき)が向けられますよ。

**この週の まとめ**

コグトレ
先生

　人の背中(せなか)は見ることができますが、自分の背中(せなか)は見られません。そのため、意識(いしき)も向きにくくなります。ダンスは手足を動かすだけでなく、体(体幹)(たいかん)の動きも重要(じゅうよう)になってきます。見えない部分にも意識(いしき)が向けられるようになると、よりきれいでしなやかな動きにつながるはずです。

ここで学ぶこと ▶▶▶ 自分の身体部位に注意を向ける

## 練習9-1 物の重さを比較する

今日は重さ比べをするよ。

そんなの簡単だよ。

れん

ゆい

じゃあこのティッシュ箱とトイレットペーパーは、どっちが重いでしょうか？持ってみて。

大きいのはティッシュ箱だけど、重さはどうかな〜。

ええと、トイレットペーパーの方が重い！

じゃあ、はかりで量ってみよう。

やってみよう！

次の物の重さを比べてみましょう。
① 2つの形や大きさがちがう物を持ち比べて重い方を当てよう
　（例えば：コップとおわん）
② 2つの形や大きさが似ている物を持ち比べて重い方を当てよう
　（例えば：2つのミニカー）
③ 3つの形や大きさがちがう物を持ち比べて重い順に並べよう
④ 3つの形や大きさが似ている物を持ち比べて重い順に並べよう
※ 89ページを参考にしてね。

ここで学ぶこと ▶▶▶ 他者のポーズをまねる

## 練習9-2 両手・両足のポーズをまねる（4関節以上）

今日もポーズのまねっこをするよ。先週までよりも、ちょっと難しいよ。

どんなふうに？

れん　ゆい

曲がる関節が増えるよ。

じゃあ、手も足もしっかり注意して見ないとね。

そうだね。じゃあ、これをまねてみて。

**やってみよう！**

次のポーズをまねてみましょう。

① 右手：前にまっすぐのばす（手のひらは下）、左手：上にまっすぐのばして（手のひらは前）手首を前方向に90度曲げる、右足：前に一歩出して、つま先を上に上げる

② 右手：横にまっすぐのばして（手のひらは前）ひじを前方向に90度曲げる、左手：横にまっすぐのばす（手のひらは下）、左足：左横に出して左方向につま先を向ける

③ 右手：上にまっすぐのばす（親指は後ろ）、左手：前にまっすぐのばして（手のひらは上）ひじを上方向に90度曲げる、右足：かかとを上げる

④ 右手：後ろにまっすぐのばして（手のひらは下）手首を上方向に90度曲げる、左手：前にまっすぐのばす（手のひらは上）、左足：左横に一歩出してつま先をゆかにつける

⑤ 右手：前にまっすぐのばす（手のひらは下）、左手：後ろにまっすぐのばす（親指は上）、右足：右足のかかとを左足のつま先につける

ここで学ぶこと ▶▶▶ 身体のポーズを言語化する

練習9-3 ポーズの絵⑤: 絵を見て覚えてから、絵を見ないで相手が分かるように言葉で伝える（聞きながらポーズ：4関節の動き）

今回は、絵を見て覚えてから、見ないで言葉で伝える練習だよ。

ゆい

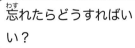
忘れたらどうすればいい？

れん

そしたらまた見て確認していいよ。

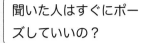
聞いた人はすぐにポーズしていいの？

うん、聞きながらポーズしていいよ。

やってみよう！

絵のポーズを言葉で言い表してみましょう。
伝える人とポーズをする人を交代してやってみましょう。

自分で絵をかいて、そのポーズを伝えましょう。

ここで学ぶこと▶▶▶バランス力を向上させる

## 練習9-4 ジグザグ片足立ちジャンプ5か所（左右）

ゆい

木曜日は、バランスをとる練習だね。今日は、印をつけた四角の中を順番に片足で飛んでみよう。

これは得意だと思うよ！

れん

じゃあ、さっそく飛んでみよう！

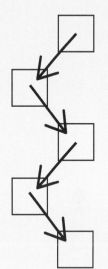

 やってみよう！

5か所の四角の中を順に片足で飛んでみましょう。右足で飛んだら、左足でもやってみましょう。

① 前に50センチ程度
② 真横に50センチ程度
③ 前に（　　　）センチ程度
※ 50センチ以上で飛べる長さ
④ 真横に（　　　）センチ程度
※ 50センチ以上で飛べる長さ

①

50cm

②

50cm

ここで学ぶこと▶▶▶両手への注意力を高める（コグトレ棒）

### 練習9-5　4人でキャッチ　左右に歩きながら 投げる方向と歩く方向が一致（5回連続）

れん：そんなことできるの？

れん　ゆい

ゆい：4人のキャッチ棒が上手になってきたから、今回は歩きながらやってみよう！

じゃあ、今日も声を出すね！

大きなかけ声があると、みんなのタイミングが合ったよね。

お父さん　お母さん

たのむよ！

よろしくね！

じゃあ、まず右方向に歩きながらキャッチするよ。

やってみよう！

コグトレ棒を使って、4人でキャッチ棒をやってみましょう。
① 1本のコグトレ棒で、右方向に歩きながら、4人で右方向にキャッチ棒 続けて5回
② 1本のコグトレ棒で、左方向に歩きながら、4人で左方向にキャッチ棒 続けて5回
③ 2本のコグトレ棒で、右方向に歩きながら、4人で右方向にキャッチ棒 続けて5回
④ 2本のコグトレ棒で、左方向に歩きながら、4人で左方向にキャッチ棒 続けて5回

ここで学ぶこと ▶▶▶ 音に合わせて体を動かす

**練習9-6　スピードの速い音楽に合わせて手拍子と足ぶみをする**

ゆい

今日は、スピードの速い音楽に合わせて手拍手と足ぶみをしてみよう。

れん

音楽が大好きだから、これはいけそう！

おっ、いいね〜！

**やってみよう！**

音楽に合わせて、手拍子と足ぶみをしてみましょう。

① 大きなくりの木の下で

② おにのパンツ

③ 森のくまさん

④ ジンギスカン

⑤ LOVEマシーン　（モーニング娘。）

⑥ スピードの速い曲を探して、手拍子と足ぶみをしてみましょう

第1週 第2週 第3週 第4週 第5週 第6週 第7週 第8週 第9週 第10週 第11週 第12週

ここで学ぶこと ▶▶▶ 他者の動きをまねる

**練習9-7 文章を読んでジェスチャーした動作をまねる（両手）**

おにぎりを
にぎる。

ゆい

今日は、ここに書いてある文章を両手でジェスチャーするから、それをまねしてね。

れん

分かった！まねしてもらう方も、どんなジェスチャーをすればいいか考えなきゃいけないね。

そうだね。じゃあさっそく、文章を読んでやってみるからまねしてね。

よし、まかせて！

次の文章を読んでジェスチャーをしてみましょう。
ジェスチャーをする人とまねする人を交代してやってみましょう。
① バナナの皮をむいて食べる動作
② 長そでのトレーナーを着る動作
③ ペットボトルのふたを開けてお茶を飲む動作
④ 歯みがきをしてコップの水で口をすすぐ動作
⑤ 両手を使った動作を考えて書いてジェスチャーしてみましょう
（　　　　　　　　　　　　　　　　　　　　　　　　　）

**考えてみよう！** 重さを比べるときに、どうしたら分かりやすいと思いますか？
体のどこに注意を向けたらいいと思いますか？

ヒント

　物の大きさにまどわされないようにするためには、どうしたらいいかな？
　テーブルの上に手を置いて、その上に物を置くのと、テーブルから手をはなした状態で手の上に物を置いたのでは分かりやすいのはどっちかな？

ちなみ先生

**ちなみ先生からの アドバイス**

　大きさや形にまどわされないよう、重さだけに集中しようと思ったら、目を閉じた方が集中しやすいです。
　テーブルに手を置いた状態では重さは分かりにくくかったのではないでしょうか。テーブルに前腕を置いた状態とテーブルからうかせた状態では、重さを比べるときに、使っている筋肉がちがいます。うかせた状態では前腕や上腕の筋肉を使っていることが分かると思います。重さを比べるときには実は、うでの筋肉にかかる抵抗を感じて判断しているんです。

**この週の まとめ**

コグトレ先生

　筋肉の収縮を感じるのは固有感覚といいます。これは、じっと意識を向けないと分かりにくい感覚です。人によっては、この感覚を感じにくいことがあります。その場合、自分の分かる力で操作しようとするため、結果的に物をこわしてしまったり、乱暴に見えてしまったりすることもあります。力加減を調整できるようになるためには、どこに力が入っているか、自分の体に注意を向けることから学習することが重要です。

第1週 第2週 第3週 第4週 第5週 第6週 第7週 第8週 第9週 第10週 第11週 第12週

89

ここで学ぶこと ▶▶▶ 自分の身体部位に注意を向ける

## 練習10-1 物の重さを見て予測する

今日は、さわらないでどっちが重いか当てるゲームをしよう。

さわらないで当てるの？できるかな〜。

れん　ゆい

じゃあ、この筆箱とテレビのリモコンは、どっちが重いでしょうか？

筆箱かな〜。ゆいの筆箱はペンやえんぴつがたくさん入っているし。

じゃあ、はかりで量ってみよう。

やってみよう！

形や大きさがちがういくつかの物をさわらないで、どれが重いか当てましょう。
① のりとはさみ
② 定規とえんぴつ3本
③ お茶わんと湯のみ
④ サッカーボールと国語の教科書と500mlのペットボトル
⑤ 空のランドセルと1000mlのペットボトルと大きめのおもちゃ

ここで学ぶこと ▶▶▶ 他者のポーズをまねる

練習10-2　両手・両足のポーズをまねる（4関節以上）
頭・体幹をふくむ

今日もポーズのまねっこをするよ。今度は、顔の向きや体の向きも入ってくるよ。

ゆい

体って、いろいろなところがあるんだね。

れん

本当だね。じゃあ、よく見てまねてみてね。

次のポーズをまねてみましょう。

① 右手：横にまっすぐのばす（手のひらは前）、左手：前にまっすぐのばして（手のひらは下）手首を下方向に90度曲げる、右足：つま先を右90度にする、顔：右を向く

② 右手：前にまっすぐのばして（手のひらは上）ひじを上方向に90度曲げる、左手：上にまっすぐのばす（手のひらは前）、左足：かかとを上げる、体：左に向ける

③ 右手：上にまっすぐのばす（手のひらは前）、左手：横にまっすぐのばして（手のひらは下）ひじを前方向に90度曲げる、右足と左足をクロスする、顔：下を向く

④ 右手：左方向にまっすぐのばす（手のひらは下）、左手：右手の上で左方向にまっすぐのばす（手のひらは上）、左足：左横に一歩出してつま先をゆかにつける、顔：右を向く

⑤ 右手：後ろにまっすぐのばす（手のひらは下）、左手：後ろにまっすぐのばす（手のひらは上）、両ひざを曲げる、顔：上を向く

①　　②　　③　　④　　⑤

ここで学ぶこと ▶▶▶ 身体のポーズを言語化する

**ポーズの絵⑥：絵を見て覚えてから、絵を見ないで相手が分かるように言葉で伝える（聞いた後にポーズ：4関節の動き）**

練習10-3

今日は絵を見て覚えてから、見ないで言葉で伝える練習の続きだよ。今度は、聞き終わってからポーズするよ。

ゆい

伝える方も聞く方も大変だ！

れん

だから、交代でやろうね。

分かったよ。

やってみよう！

絵のポーズを言葉で言い表してみましょう。
伝える人とポーズをする人を交代してやってみましょう。

自分で絵をかいて、そのポーズを伝えましょう。

※ 97ページを参考にしてね。

ここで学ぶこと ▶▶▶ バランス力を向上させる

## 練習10-4 ジグザグ片足立ちジャンプ10か所（左右）

ゆい

木曜日は、バランスをとる練習だね。今日は、先週やったジグザグ片足ジャンプを10か所にするよ。

これもできるよ！

れん

じゃあ、前回よりも印と印との間の距離をのばしてみてもいいよ。

分かった。

やってみよう！

10か所の四角の中を順に片足で飛んでみましょう。右足で飛んだら、左足でもやってみましょう。

① 前に50センチ程度
② 真横に50センチ程度
③ 前に（　　）センチ程度
※ 50センチ以上で飛べる長さ
④ 真横に（　　）センチ程度
※ 50センチ以上で飛べる長さ

① 50cm

② 50cm

ここで学ぶこと▶▶▶両手への注意力を高める（コグトレ棒）

## 練習10-5　4人でキャッチ　左右に歩きながら 投げる方向と歩く方向が一致（10回連続）

れん

ゆい

4人のキャッチ棒、今日は 10回連続に挑戦しよう。

先週5回はクリアしたから、できそうだね。

じゃあ、最初は右回りね。

やって みよう！

コグトレ棒を使って、4人でキャッチ棒をやってみましょう。
① 2本のコグトレ棒で、右方向に歩きながら、4人で右方向にキャッチ棒 続けて10回
② 2本のコグトレ棒で、左方向に歩きながら、4人で左方向にキャッチ棒 続けて10回

ここで学ぶこと ▶▶▶ 音に合わせて体を動かす

## 練習10-6 スピードの速い音楽に合わせて4点に足を順にふむ

ゆい

先週は速いスピードで手拍手と足ぶみをしたけど、今日は足を順番に速く動かす練習だよ。

れん

足は手よりも速く動かしにくそうだね。

けがをしないように周りに注意しながら、やってみようね。

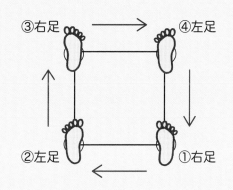

③右足 ──→ ④左足

②左足 ←── ①右足

やってみよう!

好きな音楽に合わせて番号のところをふんでみましょう。

① 右足から **❶❷❸❹**の順 ……（1）
② 左足から **❶❹❸❷**の順 ……（2）
③ 右足から **❸❷❶❹**の順 ……（3）
④ 左足から **❷❹❶❸**の順 ……（4）
⑤ （1）（2）（3）（4）を順にステップする

② ①

④ ③

ここで学ぶこと ▶▶▶ 他者の動きをまねる

## 練習10-7 文章を読んでジェスチャーした動作をまねる（全身）

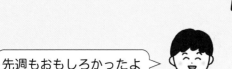

ゆい

先週は手の動作だけだったけど、今日は、全身を使ったジェスチャーをするよ。それを見て、まねしてみてね。

先週もおもしろかったよね。

れん

どんな動きをしたらいいか、なやむけどね。

何のジェスチャーなのか、想像（そうぞう）するのが楽しいよ。

じゃあ、がんばってやってみよう！

やってみよう！

次の文章を読んでジェスチャーをしてみましょう。
ジェスチャーをする人とまねする人を交代してやってみましょう。

① 大きな鳥が羽をバタバタさせながら首を前後に動かしている動作

② 野球でバッターがホームランを打つ動作

③ ぞうきんをしぼってろうかをふく動作

④ おふろで背中（せなか）をタオルで洗（あら）う動作

⑤ 全身を使った動作を考えて書いてジェスチャーしてみましょう

（　　　　　　　　　　　　　　　　　　　　　　　　　　　）

**考えてみよう！** 相手に分かるように言葉で動作を伝えるために、必要なことは何でしょうか？

ヒント

例えば、右手なのか左手なのか言わないと「手」だけでは、どちらの手を動かしてよいか分かりませんよね。他にも何を伝えることが必要か考えてみてください。

ちなみ先生

**ちなみ先生からの アドバイス**

例えば、手を上げるとき、前なのか横なのか後ろなのかという「方向」が必要になりますね。それから、手をどのくらいまで上げるのか、という「程度（角度）」も伝える必要があります。その他、手のひらの向きも伝える必要がありましたね。

**この週の まとめ**

伝えたつもりでも、相手に正しく伝わっていない、ということが体験できたと思います。相手の立場に立って、分かりやすく伝えることで、ポーズを正しく言葉に置きかえられるようになります。そして、言葉に出すことで語彙が増えますので、表現力もつきます。

コグトレ
先生

ここで学ぶこと▶▶▶自分の身体部位に注意を向ける

## 練習11-1 何歩で行けるか予測する

ゆい

今日は、何歩で行けるでしょうかゲームだよ。

なんだか楽しそうだね！

れん

玄関からキッチンまで何歩で行けると思う？

近いから5歩かな。

じゃあ、5歩で行けるか確かめてみよう。

やってみよう！

何歩で行けるか、考えてみましょう。
① 玄関からリビングまで
② リビングからトイレの入り口まで
③ リビングからおふろまで
④ おふろからトイレまで
⑤ 玄関から家の一番遠い場所まで

ここで学ぶこと ▶▶▶ 他者のポーズをまねる

**練習11-2 両手・両足のポーズを見た後にまねる（4関節以上）**

今日もポーズのまねっこをするよ。先週は体のあちこちをしっかり見ないといけないことに気づいてたよね。

うん、体って思ったよりたくさん、注意して見ないといけないところがあるって分かったよ。

じゃあ、今日はじっくり見て覚えてから、後でポーズしてみようよ。

よし、がんばるか！

このポーズを10秒くらい、よく見てね。

はい！

**やってみよう！**

次のポーズをまねてみましょう。

① 右手：横にまっすぐのばす（手のひらは上）、左手：前にまっすぐのばして（手のひらは下）手首を下方向に90度曲げる、右足：後ろに一歩さげて、つま先をゆかにつける

② 右手：上にまっすぐのばして（手のひらは前）ひじを左方向に90度曲げる、左手：上にまっすぐのばす（手のひらは前）、左右のつま先を合わせ、かかとを広げる

③ 右手：後ろにまっすぐのばす（親指は下）、左手：前にまっすぐのばして（親指は上）手首を右方向に90度曲げる、右足：つま先を右90度にする

④ 右手：前にまっすぐのばして（手のひらは上）手首を上方向に90度曲げる、左手：前にまっすぐのばす（手のひらは下）、左足：右足のかかとにつま先をつける

⑤ 右手：左方向にまっすぐのばす（手のひらは下）、左手：横にまっすぐのばす（手のひらは前）、左右のかかとを合わせてつま先を広げる

①

②

③④⑤
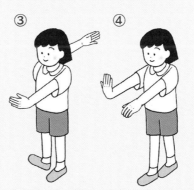

ここで学ぶこと ▶▶▶ 身体のポーズを言語化する

## 練習11-3　ポーズの絵⑦：絵を見て覚えてから、絵を見ないで相手が分かるように言葉で伝える（聞きながらポーズ：5関節の動き）

聞きながらポーズしていいの？

れん

絵を見て覚えてから、見ないで言葉で伝える練習の続きだよ。動かす関節が増えているからよく見てね。

ゆい

よし、がんばろう！

今週の練習ではいいよ。

今日も交代しながらやろうね。

**やってみよう！**　絵のポーズを言葉で言い表してみましょう。
伝える人とポーズをする人を交代してやってみましょう。

自分で絵をかいて、そのポーズを伝えましょう。

※ 105ページを参考にしてね。

ここで学ぶこと▶▶▶バランス力を向上させる

## 練習11-4 ジグザグ片足後ろ向きジャンプ5か所（左右）

ゆい

今日は、ジグザグ片足ジャンプを後ろ向きに飛んでみよう。

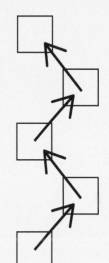

左足よりも右足がやりやすかったな～。

れん

それなら、右足から挑戦してみたらいいよ。

じゃあ、そうしよう。

 5か所の四角の中を片足で後ろ向きに飛んでみましょう。右足で飛んだら、左足でもやってみましょう。

① 後ろに50センチ程度
② 真横に50センチ程度
③ 後ろに（　　）センチ程度
※ 50センチ以上で飛べる長さ
④ 真横に（　　）センチ程度
※ 50センチ以上で飛べる長さ

①
50cm

②
50cm

ここで学ぶこと ▶▶▶ 両手への注意力を高める（コグトレ棒）

**練習11-5**　**4人でキャッチ　左右に歩きながら　合図で方向を切りかえる　投げる方向と歩く方向が逆（5回連続）**

れん

ゆい

頭が混乱しそうだ……

今週も4人でキャッチ棒をしよう。今日は、右に歩きながら、左にコグトレ棒を投げるよ。

お父さん、お母さんもがんばってね。

最初はゆっくりやってみるからだいじょうぶだよ。

お父さん

お母さん

できるか心配だな〜。

じゃあ、1本から練習してみようか。

**やってみよう！**

コグトレ棒を使って、4人でキャッチ棒をやってみましょう。
① 1本のコグトレ棒で、右方向に歩きながら、4人で左方向にキャッチ棒　続けて5回
② 1本のコグトレ棒で、左方向に歩きながら、4人で右方向にキャッチ棒　続けて5回
③ 2本のコグトレ棒で、右方向に歩きながら、4人で左方向にキャッチ棒　続けて5回
④ 2本のコグトレ棒で、左方向に歩きながら、4人で右方向にキャッチ棒　続けて5回
⑤ 途中の合図で逆回り　続けて5回

ここで学ぶこと ▶▶▶ 音に合わせて体を動かす

 練習11-6　スピードの速い音楽に合わせて手拍子をしながら
4点に足を順にふむ

先週は足を順番に速く動かす練習をしたよね。今日は、それに手拍手をつけてみるよ。

ゆい

手足がバラバラにならないよう意識してやってみるよ。

れん

 やってみよう！

音楽に合わせて手拍子をしながら順番に足を動かします。

音楽は、スピードの速い曲を選んでね。

① 右足から　❶❷❸❹の順 …… (1)
② 左足から　❶❹❸❷の順 …… (2)
③ 右足から　❸❷❶❹の順 …… (3)
④ 左足から　❷❹❶❸の順 …… (4)
⑤ 好きな音楽に合わせて
　(1)(2)(3)(4) を順にステップする

② 　　　　①

④ 　　　　③

※ スピードの速い曲の例
○ 大きなくりの木の下で
○ おにのパンツ
○ 森のくまさん
○ ジンギスカン
○ LOVEマシーン （モーニング娘。）

ここで学ぶこと ▶▶▶ 他者の動きをまねる

 練習11-7 **文章（感情を表現）をジェスチャーで表現した動作をまねる（悲しかったことや苦しかったこと）**

ゆい

れん

今日は感情を表現したジェスチャーをまねしてもらうよ。

ゆいがどんな気持ちなのか考えないといけないね。

そうだね。
例えば、アイスを落として悲しんでいるのはこうやって動作するよ。

なるほど、悲しそうだね。

**やってみよう！**

感情を表現したジェスチャーをしてみましょう。

ジェスチャーをする人とまねする人を交代してやってみましょう。

①急いで走ってきて呼吸が苦しい

②包丁で野菜を切っていたら指先を切って痛い

③先生にしかられて悲しい

④野球で空ぶりしてくやしい

⑤悲しかったこと、くやしかったこと、がっかりしたことなどを考えて書いてジェスチャーしてみましょう

　　　（　　　　　　　　　　　　　　　　　　　　　　　　　　）

**考えてみよう！** 水曜日にやったポーズはどこの関節を使っているか分かったかな？

関節には、肩関節、ひじ関節、手関節があるよ。

ちなみ先生

**ちなみ先生からのアドバイス**

　　うでと体をつないでいるのが肩関節です。手の位置が変わるので、手のひらに注目が向きがちですが、動いているのは実は肩関節なんです。ひじやひざはのびるか曲がるかの１つの方向にしか動きませんが、肩関節はどんな方向にも動く便利な関節なんですよ。

**この週の まとめ**

　　肩関節を動かしてみると、前／横／上／後ろなどの方向だけではなく、手のひらの向きも変えることができます。ポーズを覚えるポイントとしては、うでがのびている方向と手のひらの向きに注目することです。

コグトレ先生

第1週
第2週
第3週
第4週
第5週
第6週
第7週
第8週
第9週
第10週
第11週
第12週

ここで学ぶこと ▶▶▶ 自分の身体部位に注意を向ける

## 練習12-1 歩数に合わせて歩幅を変える

ゆい

今日は、何歩で行けるでしょうかゲームの続きだよ。今度は、私が言った歩数で行ってみよう。

いいよ！

れん

玄関からトイレまで10歩で行ってみて。

1・2・3……10！

最後の歩幅が小さくなったね。同じ歩幅で行けるように考えて歩いてみてね。

やってみよう！

言われた歩数で歩いてみましょう。
① 玄関からからおふろまで（　）歩で行く（行けそうな歩数を言ってあげてね）
② リビングから台所まで（　）歩で行く
③ トイレから勉強部屋まで（　）歩で行く
④ リビングから洗面所まで（　）歩で行く
⑤ 玄関からベランダまで（　）歩で行く
※ 113ページを参考にしてね。

ここで学ぶこと ▶▶▶ 他者のポーズをまねる

**練習12-2** 両手・両足のポーズを見た後にまねる（4関節以上）頭・体幹をふくむ

今日もポーズのまねっこをするよ。今度は顔の向きや体の向きもしっかり覚えてね。

うん、分かったよ。

れん

ゆい

このポーズを10秒くらい、よく見てね。

はい！

**やってみよう！** 次のポーズをまねてみましょう。

① 右手：前にまっすぐのばして（手のひらは上）手指をグーにする、左手：前にまっすぐのばす（手のひらは上）、右足：前に一歩出す、顔：左を向く

② 右手：横にまっすぐのばして（親指は上）ひじを上方向に90度曲げる、左手：横にまっすぐのばして（手のひらは下）ひじを下方向に90度曲げる、左足：右方向に一歩出す、体：前にたおす

③ 右手：前にまっすぐのばして（親指は上）ひじを上方向に90度曲げる、左手：前にまっすぐのばして（手のひらは下）ひじを右方向に90度曲げる、右足：大きく前に出して前に体重をかける

④ 右手：左方向にまっすぐのばす（手のひらは下）、左手：上にまっすぐのばす（手のひらは前）、両ひざを外側に向けて曲げる、顔：右を向く

⑤ 右手：上にまっすぐのばす（手のひらは前）、左手：後ろにまっすぐのばして（手のひらは上）手首を下方向に90度曲げる、左足：一歩前に出す、体：右に向ける

① ② ③ ④ ⑤

ここで学ぶこと ▶▶▶ 身体のポーズを言語化する

**練習12-3** ポーズの絵⑧: 絵を見て覚えてから、絵を見ないで相手が分かるように言葉で伝える(聞いた後にポーズ:5関節の動き)

ゆい

言葉でポーズを伝える最後の練習だよ。先週みたいに絵を見て覚えてから伝えて、聞いた方は聞き終わってからポーズするよ。

れん

ちがっていても、何度でも修正できるから楽しいね。

よし、がんばろう!

そうそう、正解することが重要ではなくて、正確に伝えたり、正確にポーズできることが大事なんだって。

やってみよう!

絵のポーズを言葉で言い表してみましょう。
伝える人とポーズをする人を交代してやってみましょう。

自分で絵をかいて、そのポーズを伝えましょう。

ここで学ぶこと ▶▶▶ バランス力を向上させる

**練習12-4 ジグザグ片足(かた)後ろ向きジャンプ10か所(左右)**

ゆい
今日は、ジグザグ片足(かた)ジャンプを後ろ向きに、10回(と)飛んでみよう。

れん
今回も右足からやってみようかな。

そうだね、得意(とくい)な方からでいいよ。

失敗(しっぱい)しても何度でも挑戦(ちょうせん)できるし、いいね。

ほんとだね。

やってみよう!

10か所の四角の中を片足(かた)で後ろ向きに飛ん(と)でみましょう。右足で飛ん(と)だら、左足でもやってみましょう。

① 後ろに50センチ程度(ていど)
② 真横に50センチ程度(ていど)
③ 後ろに（　　）センチ程度(ていど)
※ 50センチ以上(いじょう)で飛べる(と)長さ
④ 真横で（　　）センチ程度(ていど)
※ 50センチ以上(いじょう)で飛べる(と)長さ

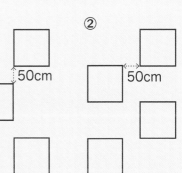
① 50cm
② 50cm

ここで学ぶこと▶▶▶両手への注意力を高める（コグトレ棒）

**練習12-5　4人でキャッチ　左右に歩きながら　合図で方向を切りかえる　投げる方向と歩く方向が逆（10回連続）**

れん

ゆい

今週も、投げる方向と歩く方向が逆のキャッチ棒を4人でやってみよう。5回は何とかできたから、今日は10回に挑戦しよう。

なんとなくコツがつかめてきた気がする。

コツを教えて。

見る方向に歩いたらいいんだよ。

受け取るキャッチ棒をじっと見ているから、顔が向いた方に歩くって思ったらうまくいくのかな？

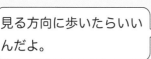

よし、じゃあそうやってやってみるよ。

お父さん　お母さん

やってみよう！

コグトレ棒を使って、4人でキャッチ棒をやってみましょう。
① 2本のコグトレ棒で、右方向に歩きながら、4人で左方向にキャッチ棒　続けて10回
② 2本のコグトレ棒で、左方向に歩きながら、4人で右方向にキャッチ棒　続けて10回
③ 途中の合図で逆回り　続けて10回

ここで学ぶこと ▶▶▶ 音に合わせて体を動かす

練習12-6 スピードの速い音楽に合わせて手拍子をしながら
4点に足を逆回りにふむ

 ゆい

先週は手拍手をしながら順番に足を動かす練習をしたよね。今日は、先週の逆回りに挑戦してみよう。

だんだん速いテンポにも慣れてきたかも！

れん

いいね、じゃあやってみよう！

② ①

やってみよう！

音楽に合わせて手拍子をしながら逆回りに足を動かします。
音楽は、スピードの速い曲を選んでね。
① 左足から ❹❸❷❶の順 …… (1)
② 左足から ❷❸❹❶の順 …… (2)
③ 左足から ❹❶❷❸の順 …… (3)
④ 右足から ❸❶❹❷の順 …… (4)
⑤ 好きな音楽に合わせて
  (1) (2) (3) (4) を順にステップする

④ ③

ここで学ぶこと ▶▶▶ 他者の動きをまねる

練習12-7 **文章（感情を表現）をジェスチャーで表現した動作を まねる（うれしかったことや楽しかったこと）**

今日も感情をジェスチャーで表現するから、その動作をまねしてね。

ゆい

まかせて！
どんな感情か考えながらまねしてみるね。

れん

やってみよう！

感情を表現したジェスチャーをしてみましょう。

ジェスチャーをする人とまねする人を交代してやってみましょう。

① 誕生日ケーキのろうそくを全部消せて楽しい

② 身体測定で身長がのびていてうれしい

③ なわとびで二重とびができるようになってうれしい

④ ふくらませた風船が割れておどろく

⑤ うれしかったこと、楽しかったこと、おどろいたことなどを考えて書いてジェスチャーしてみましょう

（　　　　　　　　　　　　　　　　　　　　　）

**考えて みよう！** 何歩で行けるか考えるときに、まずはどこを確認しましたか？
自分がふつうに歩いているときの一歩は何センチでしょうか？
大またで歩くと何センチになりますか？

ヒント

何歩で行けるか？と聞かれたときに、目で何を見て、どんなことを想像するのか考えてみるといいですよ。

ちなみ先生

**ちなみ先生からの アドバイス**

　ふだん、自分の一歩がどれくらいなのか意識することはあまりないと思います。何歩で行けるかな、と考えたとき、そこまでの距離を見ながら自分なりの歩数を数えたのではないでしょうか？自分が思っている一歩の距離が実際よりも長ければ、少ない歩数を見積もってしまうでしょうし、実際よりも短ければ、多い歩数を見積もってしまいます。自分の一歩、大またの一歩の距離を知ることで歩数も正しく予測できるようになります。

**この 週の まとめ**

コグトレ 先生

　目で見た距離と、自分が思っている歩幅が一致していると、歩数も想像と実際が一致します。
　見た距離は視覚です。そして自分の一歩の感覚を感じるのは体性感覚です。視覚と体性感覚の情報が一致していると、空間の中で自分の体をうまく使えるようになります。

# おわりに

どうでしたか？
難しかったですか？

れん

難しい課題があったかもしれませんが、ヒントでうまくできるようになった課題もあったと思います。

ゆい

ぼく、最初はなかなかできなかったけど、今ではだいぶできるようになってきたよ。

ゆいもできない課題がいっぱいあったね。

そう、いっぱいだった。やめたくなったときもあったけど、最後までやったよ。

みなさんはどうでしたか？
できるようになったことがあったりしましたか？
これから体育やスポーツで難しい課題が出てくるかもしれない
けど、どうしたらいいか練習ができたからがんばれそうです。

みなさんも身体の使い方が難しくて困ったときには、"簡単にな
る工夫はできないか"、"何かヒントはないか"、"どうすればミス
をしないか" を自分で考えられるようになったはずです。

身体の使い方が難しく感じたら、またこの本を読んで
ください。困ったときほど成長できるって分かったか
ら、私たちもいっぱいなやみながら成長していきます。

最後まで読んでくれてありがとうございました。
いつも笑顔を忘れず元気でいましょうね。

## 編著者紹介 ·······························································································

**宮口　幸治**（みやぐち・こうじ）　編著者

立命館大学教授、児童精神科医。一社）日本 COG-TR 学会代表理事、一社）日本授業 UD 学会理事。医学博士、日本精神神経学会専門医、子どものこころ専門医、臨床心理士、公認心理師。京都大学工学部卒業、建設コンサルタント会社勤務の後、神戸大学医学部医学科卒業。大阪府立精神医療センターなどに勤務の後、法務省宮川医療少年院、交野女子学院医務課長を経て、2016 年より現職。児童精神科医として、困っている子どもたちの支援を教育・医療・心理・福祉の観点で行う「日本 COG-TR 学会」を主宰し、全国で教員向けに研修を行っている。著書に『教室の困っている発達障害をもつ子どもの理解と認知的アプローチ』『性の問題行動をもつ子どものためのワークブック』『教室の「困っている子ども」を支える 7 つの手がかり』『NG から学ぶ　本気の伝え方』（以上、明石書店）、『身体面のコグトレ　不器用な子どもたちへの認知作業トレーニング【増補改訂版】』『コグトレ　みる・きく・想像するための認知機能強化トレーニング』（以上、三輪書店）、『1 日 5 分！教室で使えるコグトレ』（東洋館出版社）、『ケーキの切れない非行少年たち』『どうしても頑張れない人たち』（以上、新潮社）、『境界知能とグレーゾーンの子どもたち』（扶桑社）、『境界知能の子どもたち』（SB 新書）などがある。

**石附　智奈美**（いしづき・ちなみ）　著者

広島大学大学院医系科学研究科講師。専門作業療法士（特別支援教育）、博士（保健医療学）。一社）日本 COG-TR 学会副代表理事、日本発達系作業療法学会副会長、NPO 法人日本インクルーシブ教育研究所理事。共著に『身体面のコグトレ　不器用な子どもたちへの認知作業トレーニング【増補改訂版】』『社会面のコグトレ　認知ソーシャルトレーニング②』（以上、三輪書店）などがある。

## 自分でできるコグトレ⑥
## 身体をうまく使えるためのワークブック
学校では教えてくれない　困っている子どもを支える認知作業トレーニング

2024 年 3 月 31 日　　初版第 1 刷発行

| | |
|---|---|
| 編著者 | 宮 口 幸 治 |
| 著　者 | 石 附 智奈美 |
| 発行者 | 大 江 道 雅 |
| 発行所 | 株式会社 明石書店 |

〒101-0021 東京都千代田区外神田 6-9-5
電話　　03-5818-1171
FAX　　03-5818-1174
振替　　00100-7-24505
https://www.akashi.co.jp

| | |
|---|---|
| カバー・本文イラスト | 今井ちひろ |
| 装丁 | 谷川のりこ |
| 印刷・製本 | モリモト印刷株式会社 |

定価はカバーに記してあります。　　　　　ISBN978-4-7503-5655-6

# イラスト版
# 子どもの認知行動療法

《6〜12歳の子ども対象 セルフヘルプ用ガイドブック》

子どもによく見られる問題をテーマとして、子どもが自分の状態をどのように受け止めればよいのか、ユーモアあふれるたとえを用いて、子どもの目線で語っています。問題への対処方法も、世界的に注目を集める認知行動療法に基づき、親しみやすいイラストと文章でわかりやすく紹介。絵本のように楽しく読み進めながら、すぐに実行に移せる実践的技法が満載のシリーズです。保護者、教師、セラピスト、必読の書。

① だいじょうぶ 自分でできる **心配の追いはらい方ワークブック**

② だいじょうぶ 自分でできる **怒りの消火法ワークブック**

③ だいじょうぶ 自分でできる **こだわり頭 [強迫性障害] のほぐし方ワークブック**

④ だいじょうぶ 自分でできる **後ろ向きな考えの飛びこえ方ワークブック**

⑤ だいじょうぶ 自分でできる **眠れない夜とさよならする方法ワークブック**

⑥ だいじょうぶ 自分でできる **悪いくせのカギのはずし方ワークブック**

⑦ だいじょうぶ 自分でできる **嫉妬の操縦法ワークブック**

⑧ だいじょうぶ 自分でできる **失敗の乗りこえ方ワークブック**

⑨ だいじょうぶ 自分でできる **はずかしい！[社交不安] から抜け出す方法ワークブック**

⑩ だいじょうぶ 自分でできる **親と離れて飛び立つ方法ワークブック**

著：①〜⑥ ドーン・ヒューブナー　⑦〜⑨ ジャクリーン・B・トーナー、クレア・A・B・フリーランド
⑩ クリステン・ラベリー、シルビア・シュナイダー
絵：①〜⑥ ボニー・マシューズ　⑦ デヴィッド・トンプソン　⑧〜⑩ ジャネット・マクドネル
訳：上田勢子

B5判変型 ◎1500円

〈価格は本体価格です〉

## 自分でできるコグトレ
### 学校では教えてくれない困っている子どもを支えるトレーニングシリーズ

宮口幸治 編著

■ B5判変型／並製　各巻1800円

学校教育等で幅広く使われ始めているコグトレシリーズを、子どもが一人でも取り組めるように構成したワークブックシリーズです。小学生の姉弟の毎日に起こる出来事を通して、困ったことや不安なことを「解決する力」を身につけることができます。

① 学びの土台を作るためのワークブック
② 感情をうまくコントロールするためのワークブック
③ うまく問題を解決するためのワークブック
④ 正しく自分に気づくためのワークブック
⑤ 対人マナーを身につけるためのワークブック
⑥ 身体をうまく使えるためのワークブック

---

## 教室の困っている発達障害をもつ子どもの理解と認知的アプローチ
### ——非行少年の支援から学ぶ学校支援

宮口幸治 著

B5判／並製／120頁　◎1800円

長く医療少年院で矯正教育に関わってきた著者は、そこで出会う少年少女と学校現場で様々な困難を抱える子どもたちに共通の特徴、課題を発見する。医療少年院で実践し効果が得られた視点を通して教室で困っている子どもたちへの支援のヒントを解説。

〈価格は本体価格です〉